Monika Murphy-Witt

Ich allein...
...und wir gemeinsam

Wie Kinder lernen, fair mit anderen umzugehen

CHRISTOPHORUS

Inhalt

1 Ich 14

Zur Einführung 8

Zur Einführung

Schöne bunte Welt: Warum unsere Kinder dringend soziale Kompetenz brauchen

Unsere Welt wird immer bunter. Unser Alltagsleben dadurch auch. Und unsere Kinder sind mittendrin in einem Kaleidoskop aus sich ständig verändernden, patchworkartig zusammengewürfelten, mehr oder weniger eng verflochtenen und nicht selten multikulturellen Beziehungen. Die meisten kleinen Leute leben heute in einem Beziehungsgeflecht, das viel komplexer und umfangreicher ist, als wir es noch aus unseren eigenen Kindertagen kennen. Und oft werden die Fäden in dieser schnelllebigen Gesellschaft nach kurzer Zeit wieder zerrissen und neue geknüpft.

Kontaktfreudigkeit

Kontaktfähigkeit wird heute groß geschrieben. So kommen zur meist kleinen Kernfamilie nicht nur Großeltern, Tanten, Onkel, Cousins und Cousinen hinzu, sondern oft auch Nachbarn mit ihrem Nachwuchs, Arbeitskollegen und der Freundes- und Bekanntenkreis der Eltern, später auch der Kinder. Sonntagsfrühstücke mit kinderlosen Pärchen,

Wochenendbesuche von Singlefreundinnen, Grillabende in der Nachbarschaft, Ausflüge und Urlaubsreisen mit befreundeten Familien – das fordert von Kindern oft hohe Flexibilität und Anpassungsfähigkeit. Denn die Familienregeln, Werte, Ess- und Lebensgewohnheiten sind meist sehr verschieden.

Patchworkfamilien

Patchworkfamilien, nach Trennungen und Scheidungen neu zusammengewürfelt, erhöhen die Zahl der engen Kontaktpersonen auf einen Schlag leicht auf das Doppelte. Angesichts der vielen gescheiterten Beziehungen ist das keine Seltenheit mehr!

Angebote zur Frühförderung

Angebote zur Frühförderung sind heute beliebte Kontaktbörsen für Mütter und konfrontieren kleine Leute schon früh mit anderen Kindern. So sorgen Krabbelgruppen, Babyschwimmen, Mutter-und-Kind-Turnen oder musikalische Früherziehung neben Bewegung und Anregung auch für erste Gruppenerfahrungen. Etwas, das wir in diesem zarten Alter noch gar nicht kannten! Wir hatten unsere Geschwister und vielleicht noch die Nachbarkinder. Unsere Welt endete am Gartenzaun. Das ist inzwischen anders.

Mobilität

Mobilität ist heute angesagt, vom Arbeitsmarkt sogar gefordert. Wenn ein Elternteil einen besseren Job findet, ist es fast schon selbstverständlich, dass die ganze Familie von Hamburg nach München, von der Kleinstadt in die Metropole, vielleicht sogar von Deutschland nach Frankreich zieht. Und beim nächsten Gehaltssprung oder bei drohender Arbeitslosigkeit geht es weiter. Häuser, früher für Generationen gebaut, werden wieder veräußert, wenn die Nachbarn nicht gefallen oder ein besseres Objekt lockt. Und dass die Kids ein Jahr im Ausland dazwischenschieben, gehört für viele schon zur Schullaufbahn dazu. Sesshaftigkeit, Beständigkeit, Kontinuität – das sind für viele Kinder heute Fremdworte. Sie führen ein modernes Nomadenleben, das mit zunehmender Globalisierung in Zukunft sicher noch weitere Kreise ziehen wird.

Multikulturelle Einflüsse

Multikulturelle Einflüsse sind die Folge dieses Lebensstils. Längst bringt uns nicht nur das Fernsehen ferne Länder und fremde Kulturen ins heimische Wohnzimmer. Wer es sich leisten kann, den zieht es in den Ferien statt an die Nordsee auf die Kanarischen Inseln, nach Griechenland oder sogar nach Amerika. Die Welt ist inzwischen ein Dorf, das künftig noch mehr zusammenwachsen wird. Schon jetzt leben Menschen aus aller Herren Länder direkt nebenan. Der afrikanische Junge aus dem dritten Stock, der türkische Gemüsehändler um die Ecke, die italienische Familie mit der Pizzeria am Ende der Straße, das Mädchen mit der thailändischen Mutter in der Kindergartengruppe – sie alle bringen uns und unsere Kinder mit Dingen, Religionen, Kulturen in Kontakt, die wir sonst nie kennen lernen würden. Sie bereichern unser tägliches Leben. Aber sie machen es auch komplizierter. Denn nicht selten ist die Kluft zwischen den verschiedenen Nationalitäten groß. Nur mit viel Toleranz ist dann ein gutes Neben- und Miteinander möglich.

Schlüsselqualifikation soziale Kompetenz

Soziale Kompetenz heißt die Schlüsselqualifikation, die unsere Kinder in dieser bunten Welt deshalb dringend brauchen. Und das nicht erst als Erwachsene. Schließlich müssen kleine Leute heute schon früh lernen, mit einer ungeheuren Fülle an zwischenmenschlichen Kontakten und Beziehungen umzugehen. Ein guter Grund, soziale Fähigkeiten von klein auf altersgemäß zu fördern – schon im Kindergarten. Die Basis für soziale Kompetenz wird bereits in der Sandkiste gelegt. Spielerisch, ganz nebenbei. Wie Erzieherinnen und Eltern Kinder dabei unterstützen können, will dieses Buch zeigen. In drei Schritten, ganz nach der Formel: ICH + DU = WIR. So werden kleine Leute sozial kompetent und fit fürs Leben.

Soziale Kompetenz - was ist das?

Schon wieder gibt es Zoff – und wieder ist Felix der Leidtragende. Er ist einfach stiller und zurückhaltender als die anderen, vor allem als Hannes und Paul. Die setzen, obwohl sie erst fünf Jahre alt sind, ihre Ellbogen bereits recht rücksichtslos ein und kennen kein Pardon mit Schwächeren. Ohne zu fragen haben sie gerade Felix den Bagger aus den Händen gerissen. „Den brauchen wir jetzt", sagt Paul nur knapp. Felix protestiert. Doch das nützt ihm nichts. Der Bagger ist weg. Felix weint. Betreten hockt Martin daneben. Gern würde er Felix helfen. Doch wie? Das weiß er nicht so recht. Dann hält er sich doch besser raus ...

Eine alltägliche Szene. Unterschiedliche Interessen, die aufeinander prallen, verschiedene Mentalitäten und Robustheiten, ein Streit, in dem es wieder einmal Sieger und Verlierer gibt. Dabei müsste diese Szene nicht mit Tränen, Enttäuschung und einem Gefühl von Hilflosigkeit enden. Egal ob Unsicherheit, Sich-Raushalten oder aggressives Fordern – alles zeigt offensichtlich, was den Beteiligten hier eindeutig fehlt: soziale Kompetenz.

Früh übt sich ...

Klar, von Fünfjährigen kann niemand perfekte Routine auf dem sozialen Parkett erwarten. Doch auch Fünfjährige können und sollten bereits lernen, die Wünsche und Interessen anderer Kinder zu respektieren und Regeln im Umgang miteinander einzuhalten – auch wenn sie sich stark fühlen und meinen, ihr Gegenüber lässig unterbuttern zu können. Gerade solche immer wiederkehrenden Konfliktsituationen können eine gute Übung dafür sein,

- sich selbst und andere wahrzunehmen,
- die eigene Position im Umgang mit anderen zu finden,
- aber auch ein Repertoire an Fertigkeiten zu entwickeln, um die komplizierten Anforderungen im zwischenmenschlichen Bereich zu meistern.

Am besten ist es, wenn sich Kinder gar nicht erst daran gewöhnen, mit anderen nachlässig, unachtsam oder gar gewalttätig umzugehen. Allzu schnell schleift sich ein solches Verhalten ein – zumal, wenn es zeitweilig Erfolge bringt oder die soziale Entwicklung eines Kindes aus unterschiedlichen Gründen ohnehin bereits gestört ist.

Hilfestellung geben

Statt Konflikte an ihrer Stelle zu lösen oder Kontakte für sie zu knüpfen, sollten wir deshalb auch kleine Leute schon früh darin unterstützen, ihre eigene soziale Kompetenz zu schulen.

Wir sollten Kindern gezielt helfen,

- selbst positive Erfahrungen im zwischenmenschlichen Bereich zu sammeln, auf die sie bei anderen, ähnlichen Gelegenheiten zurückgreifen können;
- ihre eigenen Ideen, Wünsche, Bedürfnisse, Interessen und Auffassungen offen zu äußern und im Zusammensein mit anderen einzubringen, aber auch zu akzeptieren, dass andere dies ebenfalls dürfen;
- zu akzeptieren, dass nicht immer alles so möglich ist, wie man es selbst gern hätte, und dass Einschränkungen und Enttäuschungen zum Leben dazugehören;

- zu lernen, sich auf andere Menschen einzustellen und sie in ihrer Andersartigkeit anzuerkennen;
- an Konflikte fair und konstruktiv heranzugehen und eine für alle akzeptable Lösung zu suchen;
- sich im Miteinander an Regeln zu halten;
- sich als Teil eines Ganzen, eines sozialen Beziehungsgeflechtes zu sehen und zu entdecken, dass sie durch ihr eigenes Verhalten selbst vieles beeinflussen, bewegen und verändern können.

Wir sollten Kindern aber auch zeigen und immer wieder vorleben, wie sie sich in komplizierten zwischenmenschlichen Situationen verhalten können und wie sie stets neu ihre ganz persönlichen Bedürfnisse mit den augenblicklichen Möglichkeiten und geltenden Normen in Deckung bringen und akzeptable Kompromisse finden können. So können wir schon im Kindergartenalter die Basis für ein soziales Verhalten legen, das durch Mit- statt Gegeneinander geprägt ist. Viele Missverständnisse und Schwierigkeiten in Beziehungen, persönliche Probleme, aber auch Aggressionen und Gewalttätigkeiten ließen sich dadurch garantiert verhindern. Und unsere Kinder könnten ihren persönlichen Weg bestimmt besser meistern und glücklicher und zufriedener mit anderen zusammen leben.

Eine Palette von Stärken

Soziale Kompetenz klingt gut, fast wie eine Zauberformel. Doch wie gelingt das in der Praxis? Was genau ist überhaupt „soziale Kompetenz"? Was gehört dazu?

Psychologen fassen unter diesem Begriff ein ganzes Bündel von persönlichen Fähigkeiten zusammen, die es uns ermöglichen, im zwischenmenschlichen Bereich problemlos und möglichst erfolgreich zurechtzukommen.

> Wenn ich auf die speziellen Anforderungen meiner Mitmenschen in einer bestimmten Situation angemessen, rücksichts- und respektvoll reagiere und dabei weder meine eigenen Interessen noch die der anderen aus den Augen verliere – dann bin ich sozial kompetent.

Um das zu schaffen, brauchen wir jedoch mehr als Kontaktfreudigkeit oder Durchsetzungsvermögen. Soziale Kompetenz umfasst eine breite Palette an Fähigkeiten, an sozialen Stärken, mit denen wir unsere zwischenmenschlichen Beziehungen gestalten und im täglichen Miteinander punkten können.

Es geht um Schlüsselqualifikationen, die uns Türen und Herzen öffnen und viele Möglichkeiten im Leben erschließen.

Sich selbst kennen

Wichtigste Voraussetzungen, um fit fürs Miteinander-Leben zu sein: eine realistische Selbsteinschätzung und ein gesundes Selbstbewusstsein. Die eigenen Gefühle spüren und ausdrücken können, persönliche Interessen entdecken und vertreten, die individuellen Stärken, Schwächen und Grenzen kennen – wer ein klares, positives Bild vom eigenen Ich hat, sich selbst bewusst ist, kann sich auch auf andere Menschen einstellen. Nur wer sich selbst vertraut, kann auch anderen vertrauensvoll begegnen.

Sich einfühlen können

„Du kannst mich einfach nicht verstehen!" Wie oft kommt es zu Missverständnissen, weil wir nicht nachvollziehen können, was unser Gegenüber bewegt! Ein gutes Einfühlungsvermögen, Mitgefühl und Empathie können hier wahre Wunder wirken. Wer sich bemüht, sich wirklich intensiv in andere Menschen hineinzuversetzen, ihre Gefühle nachzuempfinden, ihre Bedürfnisse und ihr Verhalten zu verstehen, hat in zwischenmenschlichen Beziehungen stets gute Karten. Einmal in die Rolle des anderen zu schlüpfen, die Dinge aus einer neuen Perspektive zu betrachten, ist oft der erste Schritt zu Freundschaft oder zur Lösung von Konflikten.

Kommunizieren können

Der Schlüssel zum gegenseitigen Verständnis ist und bleibt die Sprache. Anderen die eigenen Belange zu vermitteln, gelingt nur, wenn jemand in der Lage ist, sich mit Worten eindeutig auszudrücken und dies mit entsprechenden Gesten und Mimik zu unterstreichen. Umgekehrt kann ich mein Gegenüber nur verstehen, wenn ich es zu Wort kommen lasse, ihm wirklich zuhöre und mich bemühe, seine Botschaften tatsächlich exakt zu erfassen, komplett mit allen Zwischentönen und nonverbalen Elementen.

Kontakte knüpfen

Offen und neugierig auf andere zugehen, sich flexibel immer wieder auf neue Menschen einstellen und so neue Beziehungen aufbauen und pflegen – wer kontaktfreudig ist, hat mehr vom Leben. Nicht umsonst gewinnt Small-Talk als perfekter Türöffner immer mehr an Bedeutung in unserer Gesellschaft. Dazu gehört aber auch, sich wirklich auf andere einzulassen, sich anpassen und in Gruppen einfügen zu können. Selbstdarsteller bleiben oft allein zurück.

Kooperationsbereit sein

Zusammen sind wir besser. Nur wer dieses Motto verinnerlicht hat, ist sicher gern bereit, gemeinsam mit anderen Aktivitäten zu planen, abzustimmen und in Angriff zu nehmen – und dafür vielleicht sogar mal eigene Interessen hintanzustellen. Wichtigste Voraussetzungen für Teamplayer sind Toleranz, Solidarität, Hilfsbereitschaft und Loyalität der Gruppe gegenüber – und je nach Anforderung flexibel in unterschiedliche Rollen schlüpfen zu können.

Verantwortung übernehmen

Sich für das eigene Handeln verantwortlich fühlen, die Konsequenzen für persönliche Fehler tragen, statt anderen die Schuld dafür in die Schuhe zu schieben – das tut nicht nur zwischenmenschlichen Beziehungen gut, es hilft auch, aus negativen Erfahrungen zu lernen. Ebenfalls nötig ist es, sich seiner Verantwortung anderen, vor allem Schwächeren, unserer Umwelt und Gesellschaft gegenüber bewusst zu sein.

Konflikte lösen können

Konflikte gehören zum Leben. Doch wer Streitigkeiten nicht als Katastrophe, sondern als Chance betrachtet, kann sich Auseinandersetzungen ganz anders stellen. Dann gilt es nur noch zu lernen, sie fair und sachlich auszutragen, Kritik angemessen zu formulieren und anzunehmen sowie Lösungen zu suchen und auszuhandeln, die allen Kontrahenten gerecht werden.

In alle diese Fähigkeiten müssen Kinder Schritt für Schritt hineinwachsen. Je älter sie werden und je weiter sie in ihrer Entwicklung voranschreiten, desto breiter kann ihre Palette an sozialen Stärken werden. Wie Sie dies gezielt fördern können, erfahren Sie auf den folgenden Seiten.

Ich

Wer bin ich?

Steffi (3) schreit und tobt: Sie will unbedingt ihre neuen Lackschuhe in den Kindergarten anziehen. Auch der Regen draußen kann sie nicht davon überzeugen, dass Gummistiefel oder ihre alten Halbschuhe passender wären. „Die will ich nicht! Dann gehe ich gar nicht los!", schreit sie wütend und wirft sich weinend auf den Boden ...

Das zweite Lebensjahr bringt die Wende: Irgendwann entdecken Kinder, dass sie eigenständige Menschen sind. Sie merken, dass sie vieles schon allein ohne Mamas oder Papas Hilfe schaffen, dass sie „Nein" sagen und selbst entscheiden können. Sie fühlen sich groß und stark, werden immer mehr sich selbst bewusst und wollen selbstständig sein. Widerspenstig und trotzig versuchen sie, ihren eigenen Willen gnadenlos durchzusetzen.

Für Eltern und Erzieherinnen bedeutet das keine leichte Zeit! Für Kinder ist dieses „Autonomiealter" jedoch eine enorm wichtige Phase. Hier wird der Grundstein dafür gelegt, dass kleine Leute zu sozialen Wesen werden. Nur wer weiß, „Das bin ich!", ist selbstsicher genug, um Beziehungen zu anderen zu knüpfen und gemeinsam mit anderen etwas zu machen. Nur wer sich selbst gut kennt, hat auch einen ungetrübten Blick für seine Mitmenschen. Also: Auch wenn's anstrengend ist – unterstützen Sie die Kinder dabei, ihr Ich- oder Selbstbewusstsein zu entwickeln und zu stärken – auch über das „Trotzalter" hinaus natürlich.

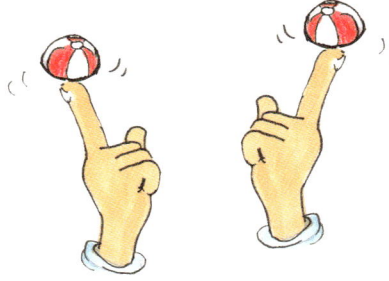

Ganz wichtig dabei ist viel Bewegung. Denn Laufen, Springen, Balancieren und Klettern sind das perfekte Sinnestraining und fördern die sensomotorische Wahrnehmung der Kids. So bekommen sie ein gutes Gefühl für ihren eigenen Körper. Sie spüren ihre Muskeln, empfinden An- und Entspannung, entdecken ihre räumlichen Ausmaße und fühlen hautnah ihre Grenzen. Und sie erleben durch diese Aktivitäten, was sie schon alles leisten können. Diese Erfahrungen machen selbstständig. Besser können Sie also die Selbstwahrnehmung und Selbstsicherheit kleiner Leute in diesem Alter nicht fördern.

Papier-Double

So groß bin ich schon: Die Kinder legen sich auf lange Papierbahnen und ziehen gegenseitig mit einem Stift ihre Körperumrisse nach. Dann stattet jeder seinen Papierzwilling mit seinen wichtigsten Merkmalen aus: Augenfarbe, Sommersprossen, Brille, Farbe des Lieblings-T-Shirts – das lässt sich alles aufmalen. Haare – kurze Stoppel oder geflochtene Zöpfe mit Spangen – werden aus passender Wolle angeklebt und „frisiert". In einer Runde kann jedes Kind dann sein Double präsentieren.

Das-bin-ich-Plakat

Wer bist du? Lassen Sie die Kinder ein Foto von sich mitten auf ein großes Blatt Papier kleben. Rundherum malen und kleben sie dann alles, was zu ihnen gehört und sie auszeichnet. Stellen Sie dazu eventuell Fragen wie: Was spielst du gern? Was macht dir besonders viel Spaß? Was ist dein Lieblingsessen? Wer gehört zu deiner Familie? Hast du ein Haustier? Was gefällt dir an dir selbst am besten? Sind die „Das-bin-ich-Plakate" fertig, werden sie im Stuhlkreis vorgestellt. Spannend: Die Aktion nach einiger Zeit wiederholen und dann beide Plakate vergleichen. Was hat sich verändert? Was ist neu dazugekommen? Was ist gleich geblieben?

Talentsuche

Was sind meine starken Seiten? Ratet doch mal! Jedes Kind spielt vor, was es besonders gut kann. Haben die anderen es herausgefunden, kommt der Nächste dran. Umgekehrt können die Kids auch ihre „Schwachstellen" als Pantomime darstellen. Schließlich hat jeder nicht nur Stärken, sondern auch Schwächen.

Tipps für Eltern

🛑 Lassen Sie Ihr Kind allmählich an einer immer längeren Leine laufen. Es braucht Freiräume, um sich selbst zu entdecken und seine eigenen Fähigkeiten und Grenzen auszutesten.

🛑 Vermeiden Sie Überbehütung und Rundumservice. Lassen Sie Ihren Sohn oder Ihre Tochter dem Alter entsprechend selbst Erfahrungen sammeln und immer ein kleines Stückchen mehr Verantwortung übernehmen. Trauen Sie Ihrem Kind etwas zu. Und geizen Sie bei Erfolg nicht mit Lob. Wenn Sie ihm ständig alles abnehmen oder ihm nur einen eng begrenzten Aktionsradius zubilligen, hat es kaum Chancen, sich selbst zu entdecken und Selbstsicherheit zu entwickeln.

🛑 Streichen Sie Killerphrasen aus Ihrem Wortschatz: „Dafür bist du noch zu klein!", „Das kannst du noch nicht!", „Immer machst du ...", „Das schaffst du nie!" – mit solchen Sprüchen bremsen Sie Ihr Kind, bevor es starten kann.

Was fühle ich?

Dennis (5) ist ein richtiger Sandkastenrocker: laut, ruppig, wild. Gern würde er mehr mit Manuel und Philip spielen. Doch die beiden lassen ihn meist links liegen. Dann dreht er erst recht auf. Dass er traurig und enttäuscht ist, merken die anderen nicht. Das versteckt er gut hinter der Maske des Raubeins ...

Gefühle sind eine komplizierte Angelegenheit. Damit haben auch wir Erwachsenen oft noch unsere Schwierigkeiten. Logisch, dass kleine Leute erst einmal lernen müssen zu verstehen, was genau in ihnen vorgeht und wie sie ihre Emotionen ausdrücken können. Vor allem kleine Kinder stehen ihren noch heftig hin- und herschwankenden Gefühlen oft hilflos gegenüber und wissen absolut nicht, wie sie sich verhalten sollen. Um ihr emotionales Durcheinander zu entwirren und in Worte zu übersetzen, brauchen sie deshalb dringend unsere Hilfe. Denn nur wenn Kinder es schaffen, ihre Gefühle einzuordnen und auszudrücken, können sie später auch die Emotionen ihrer Mitmenschen wahrnehmen und verstehen. Das eigene Gefühlsleben zu durchschauen, ist der erste Schritt zu Einfühlungsvermögen, Sensibilität und Mitgefühl für andere. Ohne ihre persönlichen Gefühle zu erkennen, können Kinder keine emotionale Intelligenz entwickeln. Und gerade diese brauchen sie in Zukunft dringend, wenn sie ihr Leben erfolgreich und zufrieden meistern wollen.

Gefühlen auf die Spur kommen

- Helfen Sie kleinen Leuten deshalb schon frühzeitig, auf ihre Stimmungen, Launen und Gefühle zu achten. Spiegeln Sie ihre Eindrücke: „Ich habe das Gefühl, dass du jetzt enttäuscht bist, weil die anderen nicht mit dir spielen wollen. Stimmt das?" Fragen Sie nach: „Bist du gerade traurig?", „Macht dich das wütend?".
- Sprechen Sie mit den Kindern über ihre Gefühle. Es ist gar nicht so einfach, Herzklopfen oder ein Grummeln im Bauch in Worte zu fassen. Das erfordert etwas Übung. Bitten Sie die Kids so oft wie möglich selbst zu beschreiben, was in ihnen vorgeht. Übersetzungshilfe können Sie dann immer noch anbieten.
- Manchmal ist es ganz schön schwierig, einzelne Empfindungen klar voneinander zu trennen und zu unterscheiden. Bin ich wirklich hungrig oder nur gelangweilt? Fühle ich mich deprimiert oder bin ich ängstlich? Gehen Sie zusammen mit den Kindern dem Gefühl auf den Grund. Die eigenen Emotionen auseinander halten zu können, ist

immens wichtig für die weitere Entwicklung kleiner Leute. Kinder mit Essstörungen haben zum Beispiel Probleme damit.

- Oft überrollen uns heftige Gefühle wie eine Springflut. Versuchen Sie, solche diffusen Gefühlsausbrüche und abrupten Stimmungsschwankungen der Kinder gemeinsam unter die Lupe zu nehmen. Was genau steckt dahinter? Welche einzelnen Gefühle haben sich hier zu einer explosiven Mischung zusammengebraut? Wie lässt sich ihnen begegnen?

Tipps für Eltern

Ob Wut, Trauer oder Angst: Jeder hat ein Recht auf seine ganz persönlichen Gefühle – auch Ihr Kind. Nehmen Sie diese ernst, selbst wenn Sie sie nicht nachvollziehen können, und bewerten Sie sie nicht. Wenn ein Teddy verloren geht, ist Ihr Sprössling eben traurig – auch wenn das Kuschelteil schon recht zerschlissen war. Akzeptieren Sie die Gefühle Ihres Kindes, solange es sie nicht an anderen auslässt oder sich bei Tobsuchtsanfällen verletzen kann. Und beschreiben Sie ihm immer wieder, wie Sie sich in diesem Augenblick fühlen. Mit der Zeit kommen Sie so wunderbar ins Gespräch miteinander.

„Ja"- und „Nein"-Gefühle

Feine Nuancen bei Emotionen wahrzunehmen, ist schon etwas für Fortgeschrittene. Lassen Sie die Kids klein anfangen und einfach in der Runde zwischen „Ja"- und „Nein"-Gefühlen unterscheiden. Wann fühlst du dich wohl, gut, zufrieden, froh? Was ruft ein solches „Ja"-Gefühl hervor? Und was ist eher unangenehm für dich, macht dich traurig oder sauer, verursacht also ein „Nein"-Gefühl bei dir? Gibt es Situationen, bei denen mehrere Kinder gleich empfinden? Wo gibt es Unterschiede?

Gefühlsbilder

„Ich fühle mich wie das fünfte Rad am Wagen!": Bilder sagen manchmal mehr als tausend Worte. Kinder können mit ihrer Fantasie in einem Bild oft viel besser beschreiben, was sie empfinden. Motivieren Sie sie dazu, über diese Bilder zu sprechen oder sie vielleicht sogar zu malen. Lassen Sie zum Beispiel in Konfliktsituationen die Streithähne ein Bild dafür finden, wie sie sich jetzt fühlen. Lesen Sie im Kreis eine Geschichte vor oder machen Sie eine Fantasiereise mit den Kids und fragen Sie sie nach ihren „Gefühlsbildern", die beim Hören entstanden sind.

Wovor habe ich Angst?

Das hohe Klettergerüst mag Linda (5) gar nicht. Schon oft hat sie versucht, wie die anderen bis ganz nach oben zu kommen. Aber jedes Mal war ihr in der Mitte schon so komisch, dass sie lieber wieder heruntergestiegen ist. „Angsthase", spotten die anderen. Das ist Linda peinlich. Doch Mama tröstet sie: „Üb weiter. Irgendwann schaffst du es."

Angst zu haben, ist keine Katastrophe. Wir alle haben Ängste. Und manchmal ist Angst sogar richtig gut für uns. Schließlich kann sie uns vor Gefahren warnen und dabei helfen, unsere eigenen Grenzen zu erkennen. Und die sind schließlich auch bei jedem anders. Nicht jeder von uns muss bungeespringen! Und nicht jedes Kind ist ein eifriger Klettermaxe. Je mehr Erfahrung Kinder jedoch mit etwas sammeln, desto sicherer werden sie – und nicht selten verschwindet die Angst dann ganz. Viele Ängste haben selbst bei kleinen Leuten schon einen realen Hintergrund. Ein Kind, das gerade die Trennung seiner Eltern miterlebt und dessen Vater plötzlich nicht mehr zu Hause wohnt, hat garantiert Angst, auch noch von der Mutter verlassen zu werden. Ob Krankheiten in der Familie, ein Umzug oder Albträume – das alles kann Kinder ängstigen, verständlicherweise.

Was wir Erwachsenen oft gar nicht verstehen können, ist dagegen die Angst vor Monstern, Geistern und Gespenstern, die angeblich unter Betten und hinter Gardinen lauern. Für Vorschulkinder im „magischen Alter" sind das jedoch durchaus reale Gefahren – selbst wenn sie nur ihrer Fantasie entsprungen sind. Sie müssen erst langsam lernen, Wirklichkeit und Hirngespinste zu unterscheiden. Doch bis es so weit ist, flößen ihnen Dunkelheit und seltsame Geräusche Angst und Schrecken ein. Und dafür sollten wir Großen Verständnis haben.

Ängste ernst nehmen

Angst lässt sich nicht einfach abschalten oder ausreden. Kinder müssen deshalb lernen, mit ihren Ängsten umzugehen – am besten von klein auf. Im Vorschulalter können sie ihre eigenen Ängste allerdings noch gar nicht richtig fassen. Da brauchen sie dringend unseren Schutz und Rückhalt. Nehmen Sie die Ängste von Kindern stets ernst. Lachen Sie nicht über das Monster im Schrank. Und

18

schlucken Sie Sätze wie „Sei kein Feigling!" oder „Das bildest du dir nur ein!" schnell herunter. Sprechen Sie stattdessen mit dem Kind und versuchen Sie, der Angst auf den Grund zu gehen. Gestehen Sie dabei auch ruhig ein, wovor Sie sich ängstigen.

Drängen Sie Kinder nicht zu Dingen, die sie partout nicht machen möchten. Suchen Sie lieber zusammen nach Möglichkeiten, die durch die Angst gesteckte Grenze auszudehnen. Linda könnte zum Beispiel versuchen, mit Hilfestellung jeden Tag eine Sprosse mehr auf dem Klettergerüst zu erklimmen und so allmählich die Angst vor der Höhe zu überwinden.

Tipps für Eltern

Je sicherer Ihr Kind sich fühlt, desto weniger Ängste hat es. Ganz wichtig dabei ist, dass es sich im Alltag hundertprozentig auf Sie verlassen kann. Also: Halten Sie Verabredungen ein. Seien Sie pünktlich zum Abholen im Kindergarten. Gehen Sie, besonders abends, nicht weg, ohne Ihrem Sprössling Bescheid zu geben und ihm zu sagen, wer auf ihn aufpasst. Und vor allem: Machen Sie Ihrem Kind immer wieder deutlich, dass Sie jederzeit da sind und dass es mit allen Ängsten und Sorgen zu Ihnen kommen kann.

Angst-Hitliste Spiel

Wer keine Angst hat, hoch zu klettern, zittert vielleicht vor dem Nachbarshund. Wovor haben die meisten Kinder Angst? Wovor nur wenige? Finden Sie es heraus. Sammeln Sie zunächst gemeinsam in der Runde alles, was den Kids Angst einjagt. Malen Sie Symbole dafür auf ein großes Plakat. Dann wird gewählt: Jeder hebt die Hand bei dem, was ihm Angst bereitet. Mehrfach melden ist erlaubt. Was steht wohl auf Platz Eins der Angst-Hitliste?

Ich fange dich auf  Spiel

Schüchtern, ängstlich oder vertrauensvoll – diese kleine Übung verrät es. Mehrere Kinder stellen sich im Kreis auf. Wer traut sich in die Mitte? Traut derjenige sich, sich ganz langsam fallen zu lassen? Die anderen Kids versprechen, ihn auf jeden Fall aufzufangen, ihn zu halten und vorsichtig so hin und her zu bewegen, dass er nicht umfallen kann. Ein super Spiel, um Vertrauen aufzubauen.

Was mache ich, wenn ich wütend bin?

Schon wieder hat sich Sören den großen Kran als Erster geschnappt. Maximilian (4) ist stocksauer. Dabei wollte er heute unbedingt damit spielen. Wütend schüttet er Sören die ganze Kiste mit Bausteinen vor die Füße. Dann tritt er gegen den Kran und alles andere, was ihm in den Weg kommt ...

Nicht immer läuft im Alltag alles so, wie wir es gern hätten. Verständlich, dass da manchmal Frust aufkommt und auch mal Wut hochkocht. Das ist in Ordnung.

Wir können nicht ständig Schönwetter-Laune haben. Manchmal gibt's eben Unwetter. Doch andere dürfen darunter nicht leiden. Das sollten auch Kinder schon früh lernen. Wer seine Wut hemmungslos austobt, im Zorn andere traktiert, etwas kaputt macht oder so ausrastet, dass er vielleicht sogar selbst Schaden nehmen kann, muss dringend in seine Schranken verwiesen werden.

Kleine Leute sollten deshalb üben, selbst bei heftigen Wutausbrüchen ein Minimum an Beherrschung aufzubringen. Dabei müssen wir Großen sie dringend unterstützen. Und wir sollten ihnen helfen, ein Ventil für ihre Wut zu finden, etwas, womit sie sich abreagieren können, ohne andere in Mitleidenschaft zu ziehen.

Nichts persönlich nehmen

☀ Bleiben Sie ruhig und gelassen. Die Wütereien der Kinder haben in der Regel nichts mit Ihnen persönlich zu tun. Gehen Sie innerlich auf Distanz und lassen Sie sich nicht in eigene Gefühlsaufwallungen hineintreiben. Atmen Sie mehrmals tief ein und aus und halten Sie sich notfalls in Gedanken ein „Cool bleiben"-Schild vor Ihr inneres Auge. Wenn Sie selbst erst die Wut packt, dann eskaliert die Situation ganz bestimmt.

☀ Sagen Sie den Kids, dass es okay ist, auch mal wütend zu sein. Aber legen Sie genaue Regeln für Wutanfälle fest. Anderen weh zu tun oder Spielzeug zu zerstören, muss absolut tabu sein. Wer sich nicht daran hält, bekommt eine Auszeit, um seine Wut auszutoben. Wichtig: Wütereien dürfen sich nie auszahlen!

☀ Loben Sie kleine Leute, wenn sie es schaffen, ihre Wut so zu meistern, dass niemand beein-

trächtigt wird, und sie sich wieder beruhigt
haben. Oft hilft schon eine Runde Laufen im
Garten oder Hüpfen auf dem Trampolin.

 Bieten Sie den Kindern Möglichkeiten an, um
Ärger, Wut und Zorn gefahrlos und in geregelten
Bahnen abzureagieren. Sprechen Sie in der
Runde darüber, was jeden so richtig sauer und
wütend machen kann. Reden Sie aber auch
offen darüber, was helfen kann, wenn wieder
einmal die Emotionen aufbrausen. Vielleicht probieren Sie sogar gemeinsam aus, tief ein- und
auszuatmen und dabei bis zehn zu zählen.
Diese kleine Übung beruhigt ungemein.

Ventile für die Wut schaffen

Probieren Sie doch mal verschiedene Wutventile
aus:

Wuttrommel

Die Wut in Worte zu fassen ist schwer. Wie wäre
es mit Rhythmen? Lassen Sie die Kinder mit einer
Trommel von ihrer Wut erzählen. Am besten
schlagen sie sie mit den Fingern, so spüren sie
sich selbst stärker. Ist die Wut ganz laut und
kräftig? Oder brodelt sie leise im Untergrund?
Lässt sie das Herz schnell pochen? Verändert sie
sich durch das Trommeln?

Schattenboxen

Bei Sonnenschein geht es natürlich am besten.
Aber auch bei Regen können kleine Wüteriche
auf imaginäre Schatten einboxen. Erwischen sie
sie? Oder sind die Schatten einfach schneller?
Um sich selbst anzuspornen, kann man beim
Boxen laut schreien und brüllen. So kann man
wunderbar Dampf ablassen.

Kampfbrett

Miteinander Kräfte messen – mit exakten Regeln
kein Problem. Legen Sie ein breites „Kampfbrett"
auf den Fußboden oder den Rasen. Wer mit
jemandem kämpfen will, muss denjenigen herausfordern. Nimmt der andere die Herausforderung
an, geht's los. Beide stellen sich in der Mitte des
Brettes einander gegenüber, packen sich an den
Oberarmen und fangen an zu schieben. Boxen,
treten, beißen, kratzen, schlagen sind verboten.
Ruft einer von beiden „Stopp!", muss Schluss
sein. Ansonsten gewinnt, wer den anderen vom
Brett schiebt. Dann kann der nächste den Sieger
herausfordern.

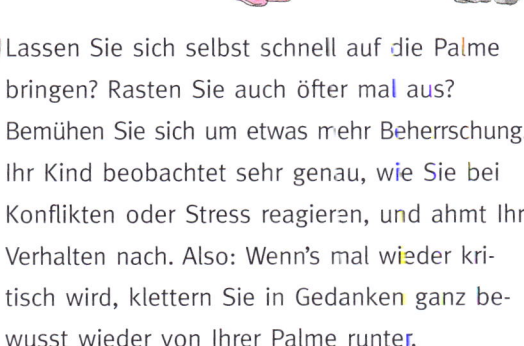

Tipps für Eltern

 Lassen Sie sich selbst schnell auf die Palme
bringen? Rasten Sie auch öfter mal aus?
Bemühen Sie sich um etwas mehr Beherrschung.
Ihr Kind beobachtet sehr genau, wie Sie bei
Konflikten oder Stress reagieren, und ahmt Ihr
Verhalten nach. Also: Wenn's mal wieder kri-
tisch wird, klettern Sie in Gedanken ganz be-
wusst wieder von Ihrer Palme runter.

Bewahren Sie sich vor allem einen klaren
Durchblick, wenn Ihr Sprössling versucht, Sie
in Machtspielchen hineinzuziehen. Wutanfälle
dürfen sich auf gar keinen Fall lohnen!
Ignorieren Sie das Tobemonster und schenken
Sie ihm erst wieder Ihre Aufmerksamkeit, wenn
es sich beruhigt hat.

Typisch Mädchen – typisch Jungen?

Lars (6) ist total genervt. Melanie (5) wollte nun mal unbedingt mit Fußball spielen. Doch kaum hat er sie beim Kampf um den Ball mal etwas angerempelt, läuft sie schon brüllend weg. „Typisch Mädchen", ruft er, „so was von zimperlich!"

Kinder sind keine geschlechtsneutralen Wesen. Es gibt ihn schon, den kleinen Unterschied. Und entsprechend schlüpfen Mädchen und Jungen in unterschiedliche Rollen. Doch inwieweit diese traditionellen Klischeevorstellungen entsprechen, hängt nicht allein von Genen und Hormonen ab. Ganz wesentlich ist, welche Botschaften wir ihnen in Bezug auf ihre Männlichkeit und Weiblichkeit mit auf den Weg geben und wie wir ihnen Gleichberechtigung im Alltag vorleben. Gerade heute, wo Jungen oft männliche Vorbilder fehlen und viele Mädchen ihre Mütter zerrissen zwischen Familie und Beruf mit ihrer Frauenrolle hadern sehen, brauchen Kinder dringend Wegweiser durch den Geschlechterdschungel. Und sie brauchen Möglichkeiten, sich schon von klein auf mit ihrer Geschlechterrolle auseinander setzen zu können und so ihre eigene Identität zu entwickeln.

Für Chancengleichheit sorgen

Dabei geht es keineswegs um plumpe Gleichmacherei. Ziel muss es vielmehr sein, die Unterschiede zwischen den Geschlechtern anzuerkennen und dann gezielt Schwächen auszugleichen und Stärken zu fördern: eine „Yin-und-Yang-Erziehung", in der sowohl für Jungen wie für Mädchen männliche wie weibliche Aspekte gleichermaßen zum Tragen kommen. Nur so wird jedes Kind in seiner Individualität unterstützt – unabhängig vom Geschlecht. Freie Entfaltung ohne starres Rollenkorsett würde unsere Kids wirklich stark und sensibel zugleich machen, eben fit fürs Leben.

- Ob Puppenecke oder Autorennbahn – bieten Sie Mädchen wie Jungen alle Spielsachen an. Am besten ist eine bunte Mischung aus körperbezogenen Bewegungs- und ruhigen Tischspielen, Naturmaterialien, Teilen zum Bauen und Konstruieren, Mal- und Bastelanregungen, Büchern und Computerspielen. Wichtig sind ebenfalls Rollenspiele: Verkleidungskiste, Handspielpuppen, Kaufmannsladen – je unbefangener die Kids die unterschiedlichsten Rollen ausprobieren können, desto leichter finden sie ihre eigene.
- Lassen Sie sexistisches Verhalten nicht unkommentiert. Kontern Sie bei frauenfeindlichen Sprüchen kleiner Halbstarker, haken Sie nach. Zeigen Sie Mädchen aber auch, wie sie sich gegen Minimachos wehren können. Lassen Sie nicht zu, dass sie mit ihrer vermeintlichen Hilflosigkeit kokettieren.
- Schauen Sie genau hin, wenn es zwischen Jungen und Mädchen Zoff gibt: Nicht immer sind die kleinen Kerle die Schuldigen, wenn ein Mädchen weint und schreit. Oft sind sie im Vorfeld still und leise so getriezt worden, dass sie sich nur noch mit Fäusten zu helfen wussten. Hüten Sie sich deshalb vor vorschnellen Schuldzuweisungen.

Gut für Jungen:

- ihren starken Bewegungsdrang und ihre lauten, wilden Seiten ungehindert und ungebremst ausleben zu können;
- körperliche Grenzen austesten und Aggressionen „friedlich" ausagieren zu können;
- klare Regeln und Grenzen, an denen sie sich reiben können;
- Körperkontakt durch Raufen, Ringen, Rangeln, aber – je nach Stimmungslage – auch sanfte Streicheleinheiten, Zärtlichkeit und Trost für die Seele;
- zu wissen, dass sie auch Gefühle wie Schwäche und Traurigkeit zeigen und ruhig auch weinen dürfen;
- Väter (oder andere männliche Vorbilder), die sich Zeit für ihre Söhne nehmen, mit ihnen Sport treiben, die Natur erleben, heimwerken;
- viel reden und lesen, um ihre Kommunikationsfähigkeit zu schulen;
- Möglichkeiten, um soziales Verhalten einzuüben (z.B. sich um ein Tier kümmern).

Gut für Mädchen:

- die Chance, auch mal laut, wild, wütend und unangepasst sein zu dürfen;
- möglichst viele Freiräume und möglichst wenig Hilfestellung, um schwierige Situationen allein zu meistern;
- Möglichkeiten, sich mit Power und Energie für die eigenen Interessen einsetzen zu können;
- Ängste und Frust, um zu lernen, sie auszuhalten und so selbstbewusster zu werden;
- Möglichkeiten zu sportlicher Betätigung, zu Kontakt mit Naturwissenschaften und Computern;
- ihre körperliche Stärke zu kennen und zu wissen, wie sie sie im Notfall gezielt einsetzen und durch ihre Körperhaltung zum Ausdruck bringen können;
- Spaß an ihrem Körper zu haben und die Lust, mit ihrem Äußeren zu experimentieren;
- zu lernen, dass wahre Schönheit aus innerer Stärke, Selbstbewusstsein und Engagement entsteht und nichts mit langen Locken zu tun hat.

Wie sehen  mich andere?

Schon wieder bleibt Oliver (5) als Letzter zurück. Keiner will ihn in seiner Mannschaft haben. Gut, er ist vielleicht ein wenig rundlich, aber eigentlich kann er ganz schön schnell laufen. Doch wenn er nie eine Chance bekommt, wie soll er das unter Beweis stellen ...

Wer sich selbst als toller Hecht betrachtet, muss das in den Augen der anderen keineswegs sein. Nicht selten klaffen Selbst- und Fremdwahrnehmung meilenweit auseinander. So haben schon Kinder oft ein völlig unrealistisches und verzerrtes Bild von sich selbst. Die einen halten sich für das größte und tollste Geschöpf auf Erden und sind nicht bereit, die kleinste Kritik anzunehmen. Andere sind unsicher und trauen sich selbst nichts zu, obwohl sie durchaus einiges an Qualitäten zu bieten haben. Beides ist schade. Denn ohne ein realistisches Selbstbild können sie ihre Chancen im Leben kaum richtig einschätzen und nutzen.

Drei- bis Vierjährige merken bereits, dass andere Menschen ihr Verhalten wahrnehmen und entsprechend darauf reagieren: Wer nett ist, wird beim Spiel auch nett aufgenommen; wer nur herumkommandiert, den wollen die anderen lieber nicht dabei haben. So sorgt vor allem der Kontakt zu Gleichaltrigen ein Stück weit dafür, dass kleine Leute ein Bild von sich selbst bekommen. Dass dieses Bild stimmig und realistisch ist, dazu sollten wir Erwachsenen beitragen – notfalls durch leichte Korrekturen.

Den Spiegel vorhalten

- Halten Sie den Kindern immer wieder den Spiegel vor. So lernen sie, wie andere sie sehen: „Du bist heute sehr aufgekratzt. Gibt es etwas Besonderes?"
- Übersetzen Sie den Kids die Reaktionen anderer Menschen auf sie: „Du tobst gerade viel herum. Ich vermute, da haben die anderen Angst, dass du ihre Bauwerke zerstörst. Deshalb lassen sie dich nicht mitspielen."
- Helfen Sie kleinen Leuten dabei, wenn sie das Bild, das sie nach außen vermitteln, korrigieren

möchten. Bei einem Wettlauf könnte Oliver zum Beispiel zeigen, dass er schnell laufen kann und durchaus eine Errungenschaft für eine Mannschaft wäre. Und wer herumtobt, will vielleicht nur Aufmerksamkeit erregen. Selbst etwas zu bauen, das die anderen interessiert, könnte sicher dazu beitragen, in die Riege der Baumeister aufgenommen zu werden.

 Unterstützen Sie die Kinder dabei, sich selbst realistisch einzuschätzen. Betonen Sie ihre Stärken, zeigen Sie aber auch Schwächen auf. Fördern Sie Selbstkritik, aber auch Selbstsicherheit. Erkennen Sie an, was die Kids leisten, machen Sie aber auch Verbesserungsvorschläge. Nur so können sie mit der Zeit herausfinden, wie sie wirklich selbst sind und was sie sich zutrauen können. Und wer sich selbst einschätzen kann und genau kennt, kann dieses Bild auch nach außen vermitteln.

Stärken-Detektiv

„Was kannst du besonders gut?" Dieser Frage sollen die Kinder gegenseitig auf den Grund gehen. Immer zwei tun sich zusammen. In 15 Minuten soll jeder von beiden möglichst viele Stärken des anderen herausfinden. Dann kommen alle zurück in die Runde. Dort präsentiert ein Detektiv das Ergebnis seiner Stärkensuche: „Sina kann besonders gut ..." Die anderen Kinder hören zu und ergänzen dann, was ihrer Meinung nach fehlt. Danach ist der nächste Detektiv mit seinem Bericht dran. Etwas schwieriger ist die Übung, wenn der Detektiv nicht nur Stärken, sondern auch Schwächen herausfinden soll.

Komplimente schenken

Gemeckert wird oft, Nettes hört man selten über sich. Bei diesem Spiel werden deshalb nur Nettigkeiten ausgetauscht. Dazu stehen alle Kinder im Kreis, eines hat einen Ball. Den wirft es einem anderen Kind zu und schenkt ihm dabei ein Kompliment, z.B.: „Du lachst viel." Oder: „Du bist hilfsbereit." Der Beschenkte wirft nun den Ball zum nächsten Kind und verteilt dabei ebenfalls ein Kompliment.

Tipps für Eltern

Rücken Sie das Selbstbild Ihres Kindes im Alltag immer wieder gerade. Wer sein Kind ständig nur hochjubelt, riskiert, dass es irgendwann tief fällt. Falsche Lobhudeleien nützen ihm gar nichts. Wenn Sie jede kleine Farbkleckserei Ihres Sprösslings lautstark beklatschen, wird er sich kaum um mehr bemühen. Besser, Sie erkennen an, was er geschafft hat, machen aber auch deutlich, wie es weitergehen kann. Loben Sie wirklich tolle Leistungen und Bemühungen. Hacken Sie aber auch umgekehrt nicht ständig auf Schwachpunkten und Fehlern herum – vor allem, wenn Ihr Kind kein Überflieger ist. Jeder Mensch hat auch starke Seiten, und die sollten Sie herausfinden und gezielt fördern.

Wie kann ich mich in andere hineinversetzen?

Rebecca (5) versteht die Welt nicht mehr. Gestern war noch alles in Ordnung, und heute Morgen guckt ihre Freundin Julia (5) sie nicht mehr an. Was ist nur los? Dabei hat sie ihr mittags noch eine von ihren schönen großen Glasmurmeln geschenkt. Ob Julia sauer ist, weil sie Mia auch eine gegeben hat?

Um mit anderen Menschen gute und tragfähige Beziehungen aufbauen zu können, müssen wir sie wirklich verstehen und akzeptieren. Das gelingt jedoch nur, wenn wir uns in sie hineinversetzen können. Doch dafür brauchen wir eine ordentliche Portion Einfühlungsvermögen: Empathie. Nur wenn Sie die Situation Ihres Gegenübers mit ihren äußeren Gegebenheiten in allen Facetten erfassen und sich dann vorstellen, wie ihm wohl gerade zumute

ist, können Sie das Ganze aus seiner Perspektive betrachten und tatsächlich mitfühlen. Das erspart viele Missverständnisse und Konflikte.

Kinder fangen zwischen dem fünften und siebten Lebensjahr an, über die eigene Müslischüssel hinauszugucken. Sie kommen herunter von ihrem kompletten Egotrip und setzen sich mehr und mehr mit ihrem Mitmenschen auseinander: Sie trösten den Kumpel, wenn er sich beim Spiel verletzt hat. Sie trauern mit der Freundin um den toten Goldhamster. Sie freuen sich zusammen mit dem Geburtstagskind unbändig über den neuen Fußball. Diese zarten Pflänzchen von Einfühlungsvermögen müssen wir Erwachsenen unbedingt hegen und pflegen. Denn nur so können sie mit der Zeit zu wirklich sensibler Empathie und einfühlsamem Verhalten anderen gegenüber heranwachsen.

Das Einfühlungsvermögen trainieren

- Ganz wichtig dabei ist es, Schubladendenken und vorschnelle subjektive Bewertungen zu vermeiden. Denn nur wer wirklich unvoreingenommen hinschaut, kann tatsächlich wahrnehmen, was mit dem anderen los ist. Seien Sie in dieser Hinsicht ein gutes Vorbild und bemühen Sie sich um einen einfühlsamen Blick, vor allem den Kindern gegenüber.
- Sich distanzieren zu können von den Emotionen anderer, ist ebenfalls wichtig. Nur wer selbst Distanz wahrt, kann mitfühlen, ohne in einen

emotionalen Sog zu geraten. So werden die eigenen Gefühle nicht mit fremden vermischt. Wenn die Freundin enttäuscht ist, muss ich selbst mich nicht genauso fühlen! Auch das müssen Kinder beizeiten lernen: Jeder hat seine eigenen Gefühle und ist ein Stück weit selbst dafür verantwortlich.

- Üben Sie mit den Kids das Drei-Schritte-Empathie-Programm: Erst Augen, dann Kopf und zum Schluss Herz einschalten. Das hört sich komplizierter an, als es ist. Als Erstes Augen auf und genau hingucken, wie der andere sich verhält, wie seine Haltung, sein Gesichtsausdruck, seine Mimik sind. Erst danach versuchen, das, was man beobachtet, mit dem Verstand zu deuten und schließlich mit dem Herzen nachzuspüren. Probieren Sie diese Vorgehensweise gemeinsam bei Problemen in der Gruppe aus.
- Lesen Sie zusammen Geschichten und sprechen Sie mit den Kindern darüber. Können sie sich in die Hauptfiguren hineinfühlen?
- Sprechen Sie in der Gruppe über Kinder, denen es nicht so gut geht: im Krankenhaus, in Ländern der Dritten Welt, in Kriegs- und Katastrophengebieten. Vielleicht können Sie gemeinsam etwas tun, um 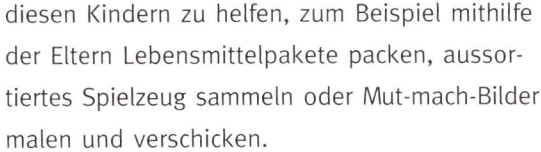 diesen Kindern zu helfen, zum Beispiel mithilfe der Eltern Lebensmittelpakete packen, aussortiertes Spielzeug sammeln oder Mut-mach-Bilder malen und verschicken.

Tipps für Eltern

Toll ist es, wenn Ihr Kind sich um ein eigenes Haustier kümmern kann. Für kleine Leute ist das eine gute Übung in Sachen Einfühlungsvermögen – zumal dieses Lebewesen nicht einmal unsere Sprache spricht.

Spieglein, Spieglein

Es ist gar nicht so leicht, einen anderen wirklich genau zu beobachten. Lassen Sie es die Kinder in Zweiergruppen ausprobieren. Einer fängt an, sich zu bewegen, Grimassen zu schneiden, pantomimisch Gesten zu machen. Der andere ist der Spiegel und macht alles exakt spiegelverkehrt nach: Wird zum Beispiel der rechte Zeigefinger ans rechte Ohr gelegt, führt der „Spiegel" den linken ans linke Ohr. Nach fünf Minuten werden die Rollen getauscht.

Gefühls-Skala

Ein wenig traurig oder schon im tiefen Loch? Etwas ärgerlich oder doch bereits recht genervt? Wie stark sind die Gefühle meines Gegenübers? Das ist oft gar nicht einfach zu interpretieren. Üben Sie es mit den Kindern. Basteln Sie dazu eine Gefühls-Skala mit einem immer dicker werdenden Farbbalken. Der Farbverlauf geht von Blau (schwach), über Grün, Gelb und Orange bis Rot (extrem heftig). Dann spielt ein Kind ein Gefühl vor. Die anderen überlegen, welches es ist und vor allem, wie stark es zum Ausdruck kommt. Mit einer Klammer markieren sie dies auf der Skala. Anschließend verrät der Vorspieler, ob die Gruppe richtig liegt.

2 Ich + du

Wie knüpfe ich Kontakte?

Heute will Sebastian (4) es endlich wagen. Schon lange möchte er sich gern einmal mit Finn zum Spielen verabreden. Doch bisher hat er sich nicht getraut zu fragen. Ob Finn Lust hat, ihn zu besuchen? Das wäre klasse!

Wer nicht wagt, der nicht gewinnt. Kontakte zu anderen Menschen fallen uns nicht einfach in den Schoß. Wir müssen schon etwas dafür tun. Nur wer offen und neugierig auf andere zugeht, bereit ist, sich mit Neuem, Unbekanntem auseinander zu setzen und auch mal die Initiative zu ergreifen und den ersten Schritt zu tun, kann Freundschaften schließen und sein Beziehungsnetzwerk ausbauen. Klar, nicht jeder ist von Natur aus ein Small-Talk-Genie oder der geborene Netzwerker. Kinder sollten deshalb von klein auf üben, sich mutig aus ihrer „sicheren Familienburg" hervorzuwagen und mit anderen Tuchfühlung aufzunehmen. In der Regel ist das gar kein Problem. Denn der Drang, mit anderen kleinen Leuten gemeinsam zu spielen, ist bei den meisten groß. Klappt die Kontaktaufnahme, ist das eine tolle Erfahrung, und die Kids haben sicher Lust, diese zu wiederholen. So erlangen sie mit der Zeit eine gewisse Routine. Der Grundstein für ihre Kontaktfreudigkeit ist gelegt.

Kontakte anbahnen

Doch nicht immer läuft alles so glatt. Und wer sogar mehrfach eine Abfuhr bekommen hat, traut sich vielleicht nicht mehr, spontan auf andere zuzugehen. Manchmal werden Kinder auch systematisch ausgegrenzt. In solchen Fällen müssen wir Erwachsenen unbedingt aktiv werden und versuchen, Kontakte anzubahnen und den Außenseiter in die Gruppe zu integrieren.

- Machen Sie den Kindern klar, dass im Leben nicht immer alles so läuft, wie wir es gern hätten. Gerade in zwischenmenschlichen Beziehungen kann es auch Frust geben. Sich dann zu verkriechen und zu isolieren, ist jedoch der falsche Weg. Geht eine Kontaktaufnahme schief, lohnt sich oft ein neuer Versuch. Entscheidend ist allein die Frage: Will ich diesen Menschen wirklich näher kennen lernen? Möchte ich gern mit ihm oder ihr spielen?

- Gute Voraussetzung, um Kontakte zu knüpfen, sind Gemeinsamkeiten: „Ich baue gern mit Legosteinen. Kai auch. Vielleicht können wir uns zusammentun." Regen Sie die Kinder dazu an, nach Gleichgesinnten Ausschau zu halten, und geben Sie ihnen notfalls einen kleinen Wink.

- Machen Sie Kennenlernspiele, wenn ein neues Kind in die Gruppe kommt: zum Beispiel Bälle zuwerfen und Namen nennen oder „Mein rechter, rechter Platz ist leer – ich wünsche mir Susanne her". Oder lassen Sie die Kleinen eine Handpuppe benutzen, um sich vorzustellen. Hat die Puppe genug über das jeweilige Kind erzählt, wandert sie zum Nächsten weiter.

- Basteln Sie mit den Kids einen „Kontaktknüpfer". Das kann ein großer Knoten aus unterschiedlichen bunten Wollresten sein. Oder zwei farbige Schnüre, die miteinander verschlungen werden. Diesen „Kontaktknüpfer" kann ein Kind dann symbolisch einem anderen geben, wenn es mit ihm spielen oder sich mit ihm verabreden möchte. Das ist manchmal leichter, als viele Worte machen zu müssen.

Zufallsgefährten

Meistens spielen immer dieselben Kinder miteinander. Würfeln Sie doch die Spielpartner mal neu zusammen. Es ist spannend zu sehen, was passiert! Mischen Sie die Karten aus einem Memory-Spiel und lassen Sie jedes Kind eine davon ziehen. Die beiden Kids mit den gleichen Karten sind die „Zufallsgefährten" für die nächste halbe Stunde. Ob den Paaren etwas einfällt, was sie zusammen machen können? Danach dürfen sie sich wieder trennen oder weiter miteinander spielen. Wie das Experiment wohl endet?

Tipps für Eltern

Krabbelgruppe, Kinderturnen, Tagesstätte – Kontakte mit Gleichaltrigen sind etwas Wunderbares für Ihr Kind. Aber erwarten Sie bitte nicht zu viel. Die berühmten Sandkastenfreundschaften, die auch die Studienzeit überdauern, sind eher selten. Gerade kleine Kinder spielen oft eher neben- als miteinander. „Freunde" wechseln noch recht häufig. Und wenn Ihr Kind mit der Zeit einen „besten Freund" oder eine „beste Freundin" hat, ist das schon toll. Es muss nicht gleich eine ganze Clique sein!

Wie rede ich mit anderen?

Franziska (5) ist eine richtige Quasselstrippe. Sie redet ohne Punkt und Komma und gibt zu allem ihren Senf dazu. Egal, ob andere sich über ihren Lieblingspudding unterhalten oder ob in der Runde über den Waldtag gesprochen wird, Franziska mischt sich ein und redet dazwischen. Ganz schön nervig! Inzwischen hört ihr schon niemand mehr zu ...

Kommunikationsfähigkeit ist eine der wichtigsten Schlüsselqualifikationen, um fit fürs Leben zu werden. Mit anderen ins Gespräch kommen, seine eigene Meinung zum Ausdruck bringen und seine persönlichen Interessen geschickt vertreten – das alles gelingt nur, wenn Kinder schon früh ihre sprachlichen Fähigkeiten schulen. Doch mit der richtigen Wortwahl und verständlichen Formulierungen allein ist es nicht getan. Wer wirklich mit anderen kommunizieren will, muss sich nicht nur selbst Gehör verschaffen, sondern auch zuhören können. Und daran hapert es in unserer hektischen Zeit leider oft.

Richtig reden will gelernt sein

Auch in den Familien wird heute nicht selten viel zu wenig miteinander geredet. Schade. Denn so mangelt es kleinen Leuten häufig an Vorbildern. Und natürlich an täglichem Redetraining. Doch wer nur den Dialogen im Fernsehen lauscht, ohne selbst den Mund aufzumachen, dem fehlen in entscheidenden Momenten sicher die richtigen Worte. Beim Reden macht wirklich die Übung den Meister.

Nutzen Sie deshalb jede Gelegenheit, um mit den Kindern zu reden, zu diskutieren, zu verhandeln. Lassen Sie sie in der Morgenrunde erzählen, was sie gestern Nachmittag gemacht haben. Initiieren Sie Mini-Streitgespräche, in denen jeweils zwei gegensätzliche Standpunkte vertreten werden, zum Beispiel zum Thema „Gemeinsam frühstücken oder jeder isst, wenn er Hunger hat". Philosophieren Sie über Gott und die Welt – egal worüber, Hauptsache möglichst viele Kinder leisten einen Redebeitrag.

Üben Sie mit den Kindern, Gesprächsregeln (Kasten) einzuhalten. Basteln Sie dazu notfalls eine rotgrüne Kelle: Grün bedeutet sprechen, rot schweigen. Wer sich nicht an die verabredeten Regeln hält, bekommt eine „Sendepause" und darf erst einmal gar nichts mehr sagen.

Regen Sie die Kids zu Rollen- und Theaterspielen mit und ohne Handpuppen an. Lassen Sie sie bekannte Geschichten in eigenen Worten wiedergeben und nachspielen. Vielleicht haben kleine Kreative aber auch Lust, sich etwas ganz Neues auszudenken und vorzuführen.

30

Fernseh-Grand-Prix

Welches sind die Lieblingssendungen der Kinder im TV? Wer für die Gleiche schwärmt, tut sich zusammen, um sie nachzuspielen. Sind die Proben abgeschlossen, ist „Fernsehzeit". Ist die Sendung gut getroffen? Die Zuschauer bewerten dies und verteilen als Jury Punkte. Mal sehen, welches Team gewinnt.

Rasender Reporter

Montagmorgen. Ein „Radio-Reporter" ist unterwegs. Er fragt die Kinder nach ihren Wochenend-Erlebnissen. Wichtig: Er soll so viel wie möglich herausfinden. Also: War ein Kind schwimmen, muss er nachfragen: Wo warst du schwimmen? Mit wem? Wie lange? Was habt ihr dort sonst noch gemacht? Gab es etwas zu essen? Kannst du schon richtig schwimmen? Was machst du beim Baden am liebsten? Usw. Für jede Frage gibt es einen Punkt. Fällt dem Reporter nichts mehr ein, ist der Nächste dran. Zum Schluss werden die Punkte gezählt. Der Sieger bekommt „Das goldene Mikrofon".

Speaker's Corner

Holen Sie die berühmte Ecke aus London doch mal zu sich – symbolisch natürlich. Nehmen Sie eine Kiste als Podest oder benutzen Sie eine Erhöhung im Raum. Wer hat ein spannendes Thema, über das er zu den anderen sprechen möchte? Vielleicht hat ein Kind einen Film gesehen oder ein Tier beobachtet. Jetzt hat es die Chance, ausführlich darüber zu berichten. Die anderen dürfen Fragen stellen und ergänzende Anmerkungen machen.

Regeln fürs Reden

1. Wir lassen uns gegenseitig ausreden. Keiner unterbricht einen anderen. Jeder nimmt Rücksicht auf die anderen. Wir fallen uns nicht gegenseitig ins Wort.

2. Wir reden nur nacheinander. Es ist immer nur einer an der Reihe. Hat er ausgeredet, darf der Nächste sprechen.

3. Wir melden uns zu Wort, wenn wir etwas sagen möchten. Dann warten wir, bis wir dran sind.

4. Wir fassen uns kurz, damit jeder zu Wort kommen kann. Wer zu lange redet oder sich als Alleinunterhalter aufspielt, den dürfen wir höflich, aber mit Nachdruck stoppen.

5. Wir hören jedem, der etwas sagt, gut zu. Wenn wir etwas nicht verstanden haben, fragen wir sofort nach.

Wie kann ich andere gut verstehen?

Blöd! Nun hat Nikolas (6) seinem Freund Tim (6) extra gesagt, dass er am Samstag zusammen mit seinem Vater zum Angeln geht und sie Tim gern mitnehmen wollen – und der ist einfach nicht gekommen. Ob er das nicht richtig verstanden hat? Oder hat Nikolas nicht gehört, dass Tim gar keine Zeit hatte?

Solche Missverständnisse müssten nicht sein. Doch leider gibt es sie im Alltag ständig. Und nicht selten erwächst ein handfester Konflikt daraus und die Beziehung ist auf Dauer belastet. Dabei hätten die zwei sich nur gegenseitig gut zuhören müssen. Dann hätten sie sich auch richtig verstanden – und das nicht nur im rein organisatorischen Sinne, sondern auch auf emotionaler Ebene. Tim hätte dann sicher gemerkt, dass Nikolas ihn unheimlich gern dabeihaben wollte, und so besser eingeschätzt, wie wichtig seinem Freund diese Verabredung war.

Für eine gute Kommunikation sind offene Ohren und ein mitfühlendes Herz deshalb fast wichtiger als eine gelöste Zunge. Allein intensives Zuhören verhindert, dass wir im Alltag statt miteinander aneinander vorbeireden. Nur wer tatsächlich genau zuhört, was sein Gegenüber ihm mitteilt, und dabei auch auf das achtet, was nicht ausgesprochen wird, aber unterschwellig mitschwingt, kann sich in den anderen einfühlen und ihn wirklich gut verstehen.

Aktives Zuhören üben

Der Schlüssel zu solchem gegenseitigem Verständnis heißt „aktives Zuhören" – und das geht noch etwas übers Ohrenaufsperren hinaus. Ein aktiver Zuhörer

- lässt die Worte seines Gegenübers nicht nur schweigend auf sich herunterprasseln, sondern nimmt aktiv am Gespräch teil;
- fragt nach, wenn er etwas nicht verstanden hat;
- überfährt den anderen nicht mit seiner eigenen Meinung, gut gemeinten Ratschlägen, Bewertungen und persönlichen Geschichten, sondern versucht durch Fragen herauszufinden, was seinen Gesprächspartner bewegt;
- fasst in eigenen Worten noch einmal zusammen, was er gehört hat, um so sicher zu gehen, dass er alles richtig verstanden hat;
- versucht, sein Gegenüber als ganze Person mit allen mitschwingenden Gefühlen wahrzunehmen, und drückt diesen Gesamteindruck in seinen Worten aus;
- signalisiert dem anderen, dass er offen und interessiert ist und Anteil nehmen möchte.

Diese Feinheiten können Sie natürlich von Kindern noch nicht erwarten. Aber wenn kleine Leute diese Technik des aktiven Zuhörens schon früh kennen lernen, werden sie mit der Zeit in sie hineinwachsen und sie immer besser beherrschen.

32

Bemühen Sie sich deshalb in den täglichen Gesprächen mit den Kindern, ein „aktiver Zuhörer" zu sein. Ihr gutes Vorbild ist in dieser Beziehung immens wichtig.

 Moderieren Sie Gesprächsrunden im Stil des aktiven Zuhörens. Fragen Sie zum Beispiel immer wieder nach: Was genau hat Anna gesagt? Was ist ihr wichtig? Was möchte sie? Was stört sie? Wie fühlt sie sich? Fordern Sie die Kinder auf, in eigenen Worten Gesagtes zu wiederholen. Regen Sie sie aber auch dazu an, sich einzufühlen und ihren Eindruck mitzuteilen.

 Sorgen Sie dafür, dass die Kinder sich gegenseitig respektieren und achten. Beschimpfungen und gegenseitiges Abkanzeln („Du bist ja blöd!" – „Das ist doch Quatsch!") zerstören jede gute Kommunikation und sollten tabu sein.

Flüstergeschichte

Wer genau zuhört, gewinnt. Gespielt wird in zwei Gruppen. Denken Sie sich eine kleine Geschichte aus, in der fünf bis zehn wichtige Informationen verpackt sind. Zum Beispiel: „Jan und Julian wollen ihre Oma in Berlin besuchen. Der Zug fährt um 10.30 Uhr von Gleis 3 ab. Doch Papas Auto springt nicht an. Mama leiht sich schnell das Auto von ihrer Freundin Gaby, damit sie pünktlich zum Bahnhof kommen." Diese Geschichte erzählen Sie leise dem ersten Kind jeder Gruppe. Hat es etwas nicht verstanden, darf es leise nachfragen. Dann flüstert es alles dem nächsten Mitspieler ins Ohr. So geht es weiter. Der letzte Zuhörer muss die Geschichte laut wiedergeben. Nun wird gezählt, wie viele Informationen am Schluss angekommen sind. Die Gruppe, die am besten zugehört und die meisten Details behalten hat, ist Sieger.

Tipps für Eltern

Versuchen Sie, zu Hause eine „Kultur des aktiven Zuhörens" zu schaffen. Das ist gewiss nicht immer einfach. Wenn Sie gerade mit den Vorbereitungen fürs Essen beschäftigt sind, haben Sie wahrscheinlich nicht unbedingt ein offenes Ohr für die Kindergartenprobleme Ihres Sprösslings. Sagen Sie ihm das. Und nehmen Sie sich lieber nach dem Kochen Zeit, um ihm wirklich aktiv zuzuhören. Wer als Kind bereits solche Wertschätzung erfährt, gewöhnt sich selbst leichter an einen verständnisvollen, einfühlsamen Kommunikationsstil.

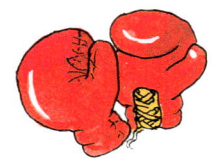

Woran sehe ich, was andere fühlen?

„Das kannst du nicht. Dafür bist du noch zu klein!"
Eiskalt lässt Linn (5) den jüngeren Ben (4) abblit-
zen. Dabei hätte der auch gern ein paar Schrauben
in das Holzteil reingedreht, an dem Linn gerade
arbeitet. Mit hängendem Kopf und traurigem Blick
zieht Ben ab. Seine Mundwinkel zittern, gleich kul-
lern sicher ein paar Tränen. Aber das sieht Linn
nicht mehr. Sie dreht schon an der nächsten
Schraube ...

Ein Blick, eine Geste kann oft beredter
sein als Worte – wenn man darauf achtet. Doch nicht immer ist die Sprache
des Körpers so eindeutig. Manchmal
sind diese nonverbalen Botschaften
von Mimik und Gestik nur angedeutet.
Da ist dann sehr genaues und geübtes
Hinschauen nötig, um solche Signale zu
erkennen und richtig zu deuten – vor
allem bei Menschen, die uns fremd
sind.

Kinder lesen schon früh in den Gesich-
tern ihrer Bezugspersonen. Mit der Zeit
lernen sie, dass ein bestimmter Ausdruck Freude bedeutet, andere eher
Zufriedenheit, Traurigkeit oder Wut. Kein Wunder
also, dass manche Verbote einfach nicht ernst genommen werden, wenn sie mit einem leichten
Lächeln in den Mundwinkeln ausgesprochen wur-
den! Worte und Gesichtsausdruck vermitteln dann
einfach zu widersprüchliche Botschaften. Umgekehrt

hören wir oft nur auf das, was gesagt oder nicht
gesagt wird. Dass dies vielleicht gar nicht mit den
augenblicklichen Gefühlen unseres Gegenübers
zusammenpasst, merken wir nicht, weil wir die fei-
nen Signale seines Körpers nicht beachtet haben.
Missverständnisse, Enttäuschung und Frust sind
unweigerlich die Folge.

In Gesichtern lesen üben

Kommunikation kann nur zur Zufriedenheit aller
Beteiligten gelingen, wenn die Partner sich wirklich
bemühen, sich aufeinander einzustellen und ihre
Antennen nicht nur für die gesprochenen Worte,
sondern auch für alle nonverbalen Signale auf

Empfang zu stellen. Um diese dann richtig interpretieren zu können, ist allerdings etwas Erfahrung nötig – am besten von klein auf.

 Sprechen Sie mit den Kindern nicht nur über ihre eigenen Gefühle, sondern auch über die Emotionen anderer. Verknüpfen Sie dabei immer wieder bestimmte Gefühle mit Hinweisen auf den Gesichtsausdruck, eine Handbewegung oder die Körperhaltung. Zum Beispiel: „Florian sieht heute total happy aus. Er grinst übers ganze Gesicht, fast bis zu den Ohren."

 Machen Sie die Gefühle der Kinder zum Thema in der Morgenrunde. Jeder guckt sich den Nachbarn zu seiner Rechten genau an. Dann geht's los: „Paula, du siehst für mich heute Morgen etwas traurig aus. Stimmt das? Und wenn ja, warum bist du traurig?" Paula antwortet darauf. Danach wendet sie sich an das Kind rechts von ihr.

Eine solche Runde fördert die Sensibilität der Kinder, übt im Interpretieren von Mimik, Gestik und Körperhaltung und sorgt bestimmt für jede Menge Gesprächsstoff.

 Fällt es den Kindern noch schwer, Gefühle in Worte zu fassen, benutzen Sie einen „Gefühle-Würfel" (siehe Anhang). Darauf finden kleine Leute sechs unterschiedliche Emotionen zeichnerisch ausgedrückt. So können sie zeigen, wie sie sich selbst fühlen oder welches Bild den Gesichtsausdruck eines anderen am besten wiedergibt. Mit einem solchen Würfel können Sie aber auch gemeinsam spielen, zum Beispiel würfeln und dann möglichst viele Situationen suchen, aus denen die Kinder genau dieses Gefühl kennen.

 Halten Sie Gesichtsausdrücke der Kinder auf Fotoschnappschüssen fest. Mit einer einfachen Kamera können größere Kids bestimmt sogar schon selbst abdrücken. Sortieren Sie die Bilder später gemeinsam in Gruppen und gestalten Sie eine Fotowand damit: fröhliche und glückliche Gesichter, traurige, ärgerliche, enttäuschte, verletzte, aggressive, wütende.

Gefühle-Raten

Wut erkennt wahrscheinlich jeder. Doch wie sieht es mit Einsamkeit aus? Oder Unsicherheit? Ein Kind überlegt sich ein möglichst „schwieriges" Gefühl und versucht es darzustellen – durch seinen Gesichtsausdruck, seinen Blick, bestimmte Gesten und seine ganze Körperhaltung. Wer errät, welches Gefühl gemeint ist, darf die nächste Aufgabe stellen.

Gesten-Raten

Hier ist es ähnlich. Achselzucken und Kopfschütteln versteht sicher auch jeder. Doch es gibt auch kompliziertere Gesten wie Augenrollen oder die Hände vor dem Bauch falten. Ein Kind macht wieder etwas vor. Die anderen sollen erraten, was damit gemeint ist, und die vorgestellte Geste – wenn möglich – in Worte fassen. Vielleicht gibt es in einigen Fällen sogar mehr als eine Möglichkeit ...

Wie kann ich meine Interessen vertreten?

Caroline (5) druckst herum. Eigentlich hätte sie heute Morgen lieber gleich an ihrem Bild weiter gemalt. Doch einige andere Kinder haben auf dem Tisch bereits die Knete ausgebreitet und ihre Malsachen an die Seite geschoben. „Wir wollten doch wieder malen", meldet sich Caroline zaghaft zu Wort. „Nö, keine Lust!", schallt es zurück. Enttäuscht zieht Caroline ab ...

Dumm gelaufen! Doch wer seine eigenen Interessen nicht klar und deutlich kundtut, kann nicht erwarten, dass andere darauf eingehen. Ein vages „Wir wollten doch ..." reicht da bei weitem nicht aus. Durchsetzungsvermögen hat nichts mit Faustrecht und Rücksichtslosigkeit zu tun, auch wenn für viele dieser Begriff oft noch negativ besetzt ist. Es ist vielmehr ein Ausdruck von Selbstsicherheit und Stärke. Wer durchsetzungsfähig ist, weiß genau, was er erreichen will, hat Ziele vor Augen und verfolgt sie konsequent und ausdauernd – auch wenn Widerstände auftauchen. Menschen mit Durchsetzungsvermögen gelingt es meist, sich in ihrer Umwelt Respekt zu verschaffen und durch geschicktes Verhandeln und Taktieren die Dinge so zu beeinflussen, dass sie ihren persönlichen Zielen näher kommen. Und das erreichen sie in der Regel schneller und besser, wenn sie sich bemühen, auch den Interessen anderer gerecht zu werden und für alle tragfähige Kompromisse zu finden. Der erste Schritt dazu ist jedoch, die eigenen Interessen unmissverständlich zu formulieren.

Ich-Botschaften formulieren lernen

- Oft haben kleine Kinder kein Problem damit, „Ich will ..." zu sagen. Leider sind nicht selten wir Erwachsene es, die ihnen diese Deutlichkeit in ihrer Sprache abtrainieren. Das sollten wir uns verkneifen. Kleine Leute haben ein Recht auf ihren „Willen" – ob sie ihn kompromisslos und ohne unseren Widerstand durchsetzen können, steht auf einem ganz anderen Blatt. Doch wir Großen sollten stets respektieren, dass Kinder persönliche Interessen und Ziele haben, selbst wenn sie uns nicht gefallen! Und dies sollten wir den Kids auch immer wieder – z.B. durch ein „Ich verstehe, dass du ... willst" – signalisieren.
- Lassen Sie die Kinder so oft wie möglich ihre eigenen Wünsche, Interessen und Bedürfnisse in der Ich-Form formulieren. Fragen Sie zum Beispiel in der Morgenrunde „Wozu habt ihr heute Lust?" oder beim Frühstück „Was möchtet ihr essen?" und bitten Sie alle, mit einem vollständigen Satz zu antworten: „Ich möchte gern ...".

Fragen Sie bei „Ich weiß nicht"- oder „Keine Ahnung"-Antworten immer genau nach. Oft lässt sich ein „Ich möchte ..." herausfinden. Auch wenn Kinder nicht mitmachen wollen oder sich nur widerwillig an etwas beteiligen, bitten Sie sie, deutlich zu sagen, was sie möchten. Vielleicht kommen ganz interessante Dinge zutage, die Sie gut aufgreifen können.

Tipps für Eltern

Reden Sie mit Ihrem Kind von klein auf in der „Ich"- und „Du"-Form. Botschaften in der dritten Person wie „Mama möchte, dass ...", „Leon soll ...", „Wir wollen jetzt schlafen gehen ..." (obwohl nur das Kind gemeint ist!) oder gar das berühmte „Das macht man nicht!" fördern einen unpersönlichen Kommunikationsstil. Die Interessen der Einzelnen sind daraus nur schwer abzulesen. Besser ist, Sie sagen klipp und klar, was Sie wollen, und Ihr Sprössling lernt dies auch.

Ich-Sagen

Seine eigenen Interessen zu vertreten, muss nicht mit aggressivem Unterton geschehen. Üben Sie mit den Kids das Ich-Sagen. Legen Sie zum Beispiel einen Apfel zwischen zwei Kinder. Beide möchten diesen Apfel haben. Nun soll jeder so lange und so variantenreich „Ich" sagen, bis einer von beiden sagt: „Du" und damit seinem Gegenüber den Apfel überlässt.

Das große und das kleine Ich

Besonders gut kommen Ich-Botschaften natürlich an, wenn sie durch eine dazu passende Mimik und Gestik und eine selbstbewusste Körperhaltung verstärkt werden. Das können die Kinder in diesem kleinen Spiel am eigenen Leib ausprobieren und erfahren: Ein Kind spielt das „Große Ich", ein anderes das „Kleine Ich". Das „Große Ich" steht voll aufgerichtet da, sieht dem anderen direkt ins Gesicht, trägt seine Ich-Botschaft laut und mit Nachdruck vor und unterstreicht sie durch seinen Gesichtsausdruck und auffordernde Gesten (z.B. „Ich möchte jetzt an den Computerplatz und dort ..."). Das „Kleine Ich" hockt fast zusammengekauert auf der Erde, spricht leise und zögerlich, blickt den anderen nicht an, geht nur sparsam mit Gestik und Mimik um. Welches Kind kann seine Interessen wohl besser vertreten? Anschließend werden die Rollen getauscht.

Wie finde ich den richtigen Ton?

„Lass mich in Ruhe! Du nervst!", blafft Simon (6) seine Schwester Leonie (4) an. Brüllend rennt sie zu Mama und beschwert sich. Wahrscheinlich meckert die jetzt auch gleich noch mit mir, denkt Simon. Dabei wollte er nichts weiter als das neue Tierbuch mit den tollen Fotos einmal ungestört durchgucken ...

Der Ton macht die Musik, auch im täglichen Umgang miteinander. Hätte Simon seiner Schwester freundlich, aber bestimmt gesagt, dass er sich in Ruhe ein Buch ansehen möchte, später aber wieder mit ihr spielt, wäre die Situation bestimmt nicht eskaliert. Eine Ich-Botschaft statt der aggressiven Aufforderung hätte in Leonies Ohren sicher anders geklungen. Doch manchmal ist es ganz schön schwer, den richtigen Ton zu treffen. Und wie man in den Wald hineinruft, so schallt es dann auch wieder heraus. Auch das müssen Kinder beizeiten lernen.

Wer einen Wunsch zum Beispiel schon fast autoritär wie einen Befehl verkündet, muss sich nicht wundern, wenn sein Gegenüber total abblockt. Aber auch wer zu zaghaft um einen Gefallen bittet, erreicht kaum, was er möchte: Sein Anliegen wird einfach nicht ernst genug genommen. Einige Kinder sind sehr geschickt darin, Erwachsenen Honig um den Bart zu schmieren, wenn sie von ihnen etwas ganz Bestimmtes haben möchten. In anderen Situationen versagt ihr Überzeugungstalent dagegen ganz. Und die meisten kleinen Leute müssen ohnehin erst durch ständiges Training im Alltag lernen, die Tonleiter der zwischenmenschlichen Kommunikation mit allen ihren Nuancen erfolgreich einzusetzen.

Den Umgangston verbessern

- Üben Sie mit den Kindern deshalb bei jeder sich bietenden Gelegenheit verschiedene Situationen, in denen es ganz wesentlich auf den „richtigen" Ton ankommt: Ob im realen Miteinander, bei Puppen- oder initiierten Rollenspielen – nur im Kontakt mit anderen können die Kids ihr Repertoire an kommunikativen Fähigkeiten erweitern und lernen, es gezielt und erfolgreich einzusetzen.

- Sprechen Sie zusammen über Umgangsformen und Benimmregeln und darüber, dass diese unser tägliches Miteinander

für alle angenehmer machen. Wer sich bemüht, anderen Menschen höflich, respektvoll und mit Achtung zu begegnen, ist weniger verletzend und erreicht wesentlich mehr. Zauberworte wie „bitte" und „danke" können viele Türen öffnen, die sonst vielleicht verschlossen blieben. Bestehen Sie deshalb selbst auch darauf und tun Sie ohne diese kleinen Wörtchen nichts für die Kinder.

 Erklären Sie den Kids, dass sie Wünsche am besten als ganz konkrete Ich-Botschaften formulieren, statt um den heißen Brei herumzureden. Also: „Ich möchte gern den Film über Delfine im Fernsehen sehen" statt „Heute Nachmittag gibt's im Fernsehen einen Film über Delfine ...". So wissen ihre Gesprächspartner genau, was Sache ist, und können entsprechend reagieren.

 Üben Sie auch weitere komplizierte Situationen wie
– andere um einen Gefallen bitten;
– anderen gegenüber zugeben, dass man einen Fehler oder etwas Unerlaubtes gemacht hat;
– sich bei anderen entschuldigen;
– die Entschuldigung eines anderen annehmen.

All das ist gar nicht einfach und kann durch einen schiefen Ton leicht in eine andere Richtung abrutschen. Hat sich jemand zum Beispiel endlich dazu durchgerungen, sich für etwas zu entschuldigen, sollte dies unbedingt gewürdigt werden. Ein abkanzelndes „Das wird aber auch Zeit ..." vergiftet die Stimmung untereinander dagegen aufs Neue.

Hilfe!

Wie bekomme ich von anderen Hilfe, wenn ich sie dringend brauche? Probieren Sie es im Rollenspiel aus. Geben Sie jeweils eine Situationen vor, in der ein Kind sich dringend Hilfe suchen muss. Zum Beispiel: „Du hast eine Panne mit dem Fahrrad und kannst nicht nach Hause fahren" oder „Du hast im Kaufhaus deine Mama verloren". Doch sein Gegenüber soll es ihm nicht allzu leicht machen. Immer wieder gibt es Ausflüchte, warum jemand gerade nicht helfen kann. Schafft der Hilfesuchende es trotzdem, Unterstützung zu bekommen?

Ich mag dich

Auch das ist gar nicht einfach: jemandem seine Zuneigung zeigen. Üben Sie es gemeinsam. Jeder sucht sich einen Partner und sagt ihm: „Ich mag dich, weil du ..." Der bedankt sich und antwortet selbst mit einem Gunstbeweis: „Ich mag dich, weil du ..." So geht es hin und her, bis beiden nichts mehr einfällt. Dann kann jeder sich, wenn er möchte, einen neuen Partner suchen.

Tipps für Eltern

Gehen Sie zu Hause mit Ihren Kindern ebenso respektvoll und höflich um, wie Sie es auch von Fremden und anderen Erwachsenen Ihnen gegenüber erwarten. In einem solchen Familienklima lernen kleine Leute schnell, welcher Ton die beste Musik macht und sie darin unterstützt, mit anderen besser klar zu kommen und das zu erreichen, was sie möchten.

Wie drücke ich am besten Kritik aus?

„Gib her, du kannst das sowieso nicht!", schnauzt Lena (5) beim Keksebacken Angelika an. Die hatte den Teig so dünn ausgerollt, dass die Plätzchen rissen, wenn sie sie aus den Formen herauslösen wollten. Eifrig nimmt Lena ihr die Kuchenrolle aus den Händen. Hilflos steht Angelika daneben ...

Manchmal lässt sich Kritik einfach nicht vermeiden. Doch gerade bei diesem sensiblen Thema kommt es sehr auf kommunikatives Feingefühl an. Wer anderen sofort eine verbale Ohrfeige erteilt, muss sich nicht wundern, wenn diese sauer reagieren und eher zu ihrer Verteidigung „zurückschlagen", als ihr Verhalten zu verändern. Das heißt jedoch nicht, dass Kinder ihren Unmut ständig herunterschlucken und sich jegliche kritische Äußerung verkneifen sollen. Doch sie müssen lernen, konstruktive Kritik zu üben, ohne andere zu kränken und schlecht zu machen. Wenn sie es schaffen, ihre Kritik so anzubringen, dass ihr Gegenüber sich nicht angegriffen und verletzt fühlt, ist der andere vielleicht sogar in der Lage, die Kritik anzunehmen. Das wäre sicher ein erster Schritt, um eine kritische Situation zu verbessern.

Sachliche Kritik statt persönlicher Angriffe

Seien Sie als Kritiker ein gutes Vorbild. Versuchen Sie den Kindern gegenüber immer sachlich zu bleiben und konstruktive Verbesserungsvorschläge zu machen. Wenn Sie aufgestautem Ärger Luft machen müssen, dann gehen Sie vorher kurz raus und atmen Sie mehrmals hintereinander tief ein und aus. Das ist ein Trick, den Sie auch den Kids verraten können.

Demonstrieren Sie den Kindern bei passenden Gelegenheiten im Alltag, dass es einen großen Unterschied macht, ob jemand in der Sache kritisiert oder als Mensch persönlich abgekanzelt wird. Lena hätte zum Beispiel zu Angelika sagen können: „Der Teig ist zu dünn ausgerollt. Deshalb gehen die Plätzchen kaputt. Komm, ich zeige dir mal, wie dick er sein muss." So wäre Angelika nicht gekränkt worden, sondern hätte sogar noch etwas gelernt. Wie hätte sie sich dann gefühlt? Bestimmt besser!

Formulieren Sie zusammen mit den Kindern persönliche Angriffe, die ihnen herausgerutscht sind, in sachliche Kritik um. Wichtig dabei ist, sich wirklich auf das Problem zu konzentrieren und genau zu beschreiben, was los ist, ohne gleich zu bewerten oder anderen die Schuld in die Schuhe zu schieben. Also: Was genau steckt dahinter? Welches Problem gibt es? Was gefällt mir nicht? Was möchte ich gern verändert haben? Im zweiten Schritt kann dann gemeinsam überlegt werden, wie sich etwas verändern und besser machen lässt. Wie kann man vorgehen? Welchen Part kann jeder dabei übernehmen?

 Sorgen Sie dafür, dass die Kinder fair, respektvoll und wie gleichberechtigte Partner miteinander umgehen. Überheblichkeit, Macht-

 demonstrationen und Tiefschläge unter die Gürtellinie sollten absolut tabu sein! Und Killerphrasen wie „Du bist immer so ungeschickt!" auch!

Kritische Stunde

Führen Sie eine „Meckerstunde" ein. Einmal in der Woche treffen sich alle Kinder, und jedes darf vorbringen, was es gerade stört. Jedes Thema ist erlaubt und jeder kommt zu Wort – vorausgesetzt, er bemüht sich um sachliche Kritik. Super,

 wenn auch gleich noch ein Verbesserungsvorschlag folgt. Wenn nicht, dann überlegen alle gemeinsam, was sich wie ändern lässt.

Kunstkritiker

Üben Sie Kritik auf neutralem Terrain. Hängen Sie zum Beispiel Fotos von bekannten Bildern auf, die alle gleiche Motive haben, zum Beispiel Blumen oder einen Strand. Geben Sie den Kindern Zeit, sie eingehend in Ruhe zu betrachten. Dann darf kritisiert werden. Solche „Kunstkritik" ist natürlich auch mit Bildern möglich, die die Kinder selbst gemalt haben. Damit die kritischen Äußerungen wirklich auf der sachlichen Ebene bleiben, sollten die Bilder dann allerdings ohne Namen, vielleicht nur mit einer Nummer versehen aufgehängt werden.

Tipps für Eltern

Lob tut gut. Durch Loben und Anerkennung erreichen Sie in der Erziehung viel mehr als durch Meckern und Kritisieren. Schenken Sie Ihrem Sprössling deshalb unbedingt immer Ihre Aufmerksamkeit, wenn er etwas gemacht hat, was Sie gut finden. Ein „Super!" oder „Toll gemacht", ein Lächeln, ein sanftes Auf-die-Schulter-Klopfen oder ein Kuss verstärken erwünschtes Verhalten. Und wenn sich Kritik gar nicht vermeiden lässt, seien auch Sie konstruktiv statt verletzend.

3 Ich + du = wir

Wie werden wir ein Team?

„Wartet, ich fasse mit an." Alex (6) lässt seine Schaufel fallen und springt herbei. Tom (6) und Leonard (5) schleppen gerade ein Stück von einem Regenrohr heran. Schon buddeln sie zu dritt, bauen das Rohr als Verbindung zwischen zwei Wasserlöchern ein, befestigen alles mit Matsch und Steinen und „fluten" schließlich die ganze Anlage. Strahlend betrachten sie ihr Werk: „Wir sind ein klasse Team, was?" ...

Zusammen geht vieles leichter – und oft auch besser. Das merken Kinder mit der Zeit von ganz allein. Gemeinsam lassen sich die kleinen Schwächen jedes Einzelnen besser durch die Stärken anderer ausgleichen. In der Gruppe sprudeln die Ideen einfach besser, und bei Problemen gibt es viele Lösungsvorschläge. Funktioniert etwas mal nicht so, wie man es sich vorgestellt hat, kann man sich gut gegenseitig zum Durchhalten motivieren. Und außerdem macht es auch ganz einfach Spaß, zusammen mit anderen zu spielen und etwas zu erreichen – ein tolles Gemeinschaftserlebnis, das zusammenschweißt!

Doch damit aus kleinen Egoisten Teamplayer werden, bedarf es etwas Training und einiger guter Gruppenerfahrungen. Kleine Kinder spielen zwar „mit" anderen – doch ein echtes Zusammengehörigkeitsgefühl gibt es noch nicht: Jeder macht mehr oder weniger sein eigenes Ding. Erst etwa ab dem fünften Lebensjahr kommen kleine Leute langsam von ihrem Egotrip runter und werden allmählich zu Gruppenwesen. Sie erfinden ihre eigenen Regeln und pochen auch auf deren Einhaltung. Und sie entdecken, dass sie zusammen ganz andere spannende Dinge spielen können als allein – vorausge-

setzt, sie sind bereit, sich in eine Gruppe einzufügen und mit anderen zu kooperieren. Dies sollten wir Erwachsenen deshalb unbedingt fördern.

Zusammen gewinnen

🔴 Schreiben Sie Teamgeist groß und versuchen Sie das Motto „Einer für alle – alle für einen" tatsächlich im Alltag zu leben. Miteinander statt gegeneinander! Niemand darf ausgegrenzt werden. Schwächere werden unterstützt. Wer etwas nicht allein kann, dem wird geholfen. Auch Eigenbrötler werden so weit wie möglich in die Aktivitäten der Gruppe mit einbezogen.

🔴 Lassen Sie die Kinder für bekannte Spiele neue Regeln erfinden. Wichtig ist, die Gruppe einigt sich und das Spiel funktioniert. Das muss natürlich ausprobiert werden. Gibt es Probleme, muss die Gruppe das Regelwerk erneut überarbeiten.

🔴 Fördern Sie, wann immer es möglich ist, Gruppenarbeit. Legen Sie zum Beispiel zusammen einen Garten an und lassen Sie jeweils ein kleines Team ein Beet beackern. Erforschen Sie in Zweiergruppen Wassertierchen. Oder teilen Sie Teams für die Erledigung täglicher Pflichten wie Frühstückstisch abwischen oder Papierkorb leeren ein.

🔴 Ermöglichen Sie Wettstreits von Teams bei Sport und Spielen. Wichtig dabei ist der faire Umgang aller Beteiligten miteinander. Gemeinsam zu gewinnen ist eine tolle Möglichkeit, Teamgeist pur zu erleben. Aber auch zusammen zu verlieren, ohne gegenseitige Vorwürfe und Schuldzuweisungen, will und muss gelernt sein.

Gruppenbild

Warum allein malen? Viel lustiger ist es, wenn viele Kinder als Künstlergruppe ans Werk gehen. Legen Sie einen großen Bogen Papier oder noch besser eine Endlosrolle auf den Boden und Farben und Pinsel parat. Dann überlegen alle gemeinsam, was sie malen wollen. Vielleicht eine bunte Regenbogenschlange? Eine Blumenwiese? Oder ein Aquarium? Steht das Thema fest, sucht sich jeder einen Platz und malt los. Es können auch zwei Kinder zusammen abwechselnd an einer Ecke arbeiten oder die Kids tauschen nach einer Weile die Plätze und malen bereits Begonnenes weiter. Der Kreativität sind keine Grenzen gesetzt. Und damit es wirklich ein Gemeinschaftswerk ist, darf sich jeder auch an irgendeiner Stelle mit seinem Finger- oder Handabdruck verewigen.

Tipps für Eltern

Binden Sie Ihr Kind so früh wie möglich ins Familien-Team mit ein. Ein besseres Trainingscamp in Sachen Teamwork gibt es kaum. Erledigen Sie gemeinsam alltägliche Aufgaben wie Einkaufen. Bitten Sie es bei anderen Dingen wie Gartenarbeit oder Gemüseputzen um Mithilfe. Auch unangnehme Pflichten wie Aufräumen sind zusammen schneller erledigt. Und schon haben alle Zeit für nettere gemeinsame Aktivitäten.

Wie kommen wir in einer Gruppe miteinander klar?

„Heute bin ich mal der Häuptling!", ruft Lasse (5). „Okay!", meinen die anderen. „Dann auf die Pferde, Rothäute", kommandiert Lasse. „Dahinten ist eine Büffelherde." Und schon galoppieren alle Indianer davon ...

Früh übt sich, wer Führungsqualitäten entwickeln will? Nein, darum geht es hier noch gar nicht. Kinder wollen sich erproben, wollen in verschiedene Rollen schlüpfen und diese für eine gewisse Zeit ausfüllen. Am besten immer wieder andere. Deshalb werden die Karten, bevor ein Spiel überhaupt beginnt, fast immer neu gemischt, die Rollen immer wieder anders verteilt, je nach Lust, Laune, Tagesform und aktueller Zusammensetzung der Gruppe. Ob Häuptling oder Bleichgesicht, Gangster oder Polizist, Kaufmann oder Einkäufer, Mutter, Vater oder Kind – „Wer spielt was?", heißt die zentrale Einstiegsfrage. Erst wenn diese Hürde genommen ist, steht das endgültige Spielteam fest. So ist die Vergabe der Rollen bereits ein wichtiger gruppendynamischer Prozess. Wer an entscheidender Stelle mitmischen möchte, muss lernen, sich beizeiten bemerkbar zu machen. Das ist im Spiel genauso wie später im Leben. Wer dazugehören will, muss die Verhaltensregeln der Gruppe akzeptieren, flexibel und bereit sein, die unterschiedlichsten Rollen zu besetzen. Ohne ein gewisses Maß an Anpassungsfähigkeit geht das nicht. Und ohne die Bereitschaft, zumindest zeitweilig die eigenen Interessen und Bedürfnisse denen der ganzen Gruppe unterzuordnen auch nicht. Erst wenn kleine Leute das schaffen, werden sie wirklich zu Teamplayern.

Verantwortung fürs Ganze übernehmen

- Die Gesetze von Gruppen und das Aushandeln sozialer Regeln lernen Kinder am besten im Kontakt und durch Erfahrungen mit Gleichaltrigen. Mischen Sie sich deshalb so wenig wie möglich in die Organisation einzelner Gruppen ein. Haben die Kinder sich für Spiele oder gemeinsame Aktivitäten zu einem Team zusammengefunden, lassen Sie sie allein Rollen und Aufgaben verteilen. Werden Sie höchstens beratend tätig. Optimal, wenn die Kids es schaffen, sich komplett selbst zu organisieren.

- Überlassen Sie das Aufteilen von Material, Essen oder Spielzeug möglichst oft den Kindern selbst. Teilen zu können gehört zum Teamgeist ebenfalls dazu.

- Hat eine Gruppe einen „Chef" gewählt, akzeptieren Sie ihn und behandeln Sie ihn auch als solchen. Gibt es also zum Beispiel ein Problem, bitten Sie den „Boss", die Verantwortung dafür zu übernehmen und sich darum zu kümmern.

Ansonsten ist das ganze „Team" gleichberechtigt verantwortlich.

- Übertragen Sie Kindern, die oft eher am Rand stehen, auch mal gezielt verantwortungsvolle Aufgaben. Vielleicht können sie neue Kinder in den ersten Tagen als „Führer" begleiten. Oder eines wird zum Wächter des Feuers, über dem die anderen ihr Stockbrot backen – trägt also die Verantwortung dafür, dass immer genügend Holz nachgelegt wird.
- Losen Sie ruhig mal aus, wer der Kapitän der Fußballmannschaft, der Indianerhäuptling oder die Familienmutter wird. Das kann zu ganz lustigen und interessanten Gruppenzusammensetzungen führen. Und jeder hat die gleiche Chance, mal Chef zu spielen und den Ton anzugeben.

Waldpioniere

Die freie Natur ist eine wunderbare Spielwiese mit einer Fülle von Erfahrungen für alle Sinne. Auch wenn es für die Kids vielleicht erst einmal ungewohnt ist – sie werden sicher schnell Beschäftigungen auch ohne Spielzeug finden. Am besten gehen Sie eine Zeit lang regelmäßig und bei jedem Wetter einen Tag in der Woche in den Wald. Bitten Sie vorab eine kleine Gruppe von drei oder vier größeren Kindern sich zu überlegen, was dort gemacht werden soll. Unterstützen Sie diese „Pioniere", aber überlassen Sie ihnen so weit wie möglich die Führung. Mal sehen, was dabei herauskommt und Sie alles erleben werden! In der nächsten Woche ist eine andere Pioniergruppe dran.

Tipps für Eltern

Helfen Sie Ihrem Kind dabei, Verantwortungsbewusstsein zu entwickeln – im Kleinen wie im Großen. Zu Hause kann es zum Beispiel die Verantwortung fürs Blumengießen übernehmen. Vielleicht kann es dann irgendwann das Wasser dafür in einer Regentonne sammeln – und Sie sparen Wasser aus der Leitung, im Interesse unserer Umwelt und Ihres eigenen Geldbeutels. So wächst bei kleinen Leute nach und nach ein Verantwortungsgefühl. Und wenn Sie selbst immer wieder als gutes Beispiel vorangehen, Hilfsbereitschaft und Solidarität auch in Ihrem Alltag vorleben, wird Ihr Kind Ihnen sicher schnell nacheifern.

Wie lösen wir zusammen Probleme?

Schon wieder geht das Schiff unter! Merle (6) und Florian (5) haben sich solche Mühe gegeben – aber offensichtlich ist das Holz, aus dem Rumpf und Mast gebaut sind, einfach zu schwer. An dem Segel aus dünnem Stoff kann es ja wohl kaum liegen. Da hat Florian eine Idee: „Wir nageln Korken an die Seiten." Doch auch die reichen noch nicht, um das Schiff über Wasser zu halten. „Dann setzen wir eben noch welche unters Holz", schlägt Merle vor. „Wie bei einem Floß." Sie probieren es aus – und es klappt! Ihr Schiff schwimmt endlich ...

Ganz problemlos läuft fast nichts im Leben. Doch wer sich dadurch gleich von seinen Vorhaben abbringen lässt, kommt nicht weit. Besser ist es, Probleme als Herausforderung zu betrachten. Und sich, wenn man allein keine Lösung dafür findet, gezielt Hilfe zu suchen. Schließlich fällt zwei Köpfen mehr ein als einem, und in dreien spuken wahrscheinlich noch mehr brillante Ideen herum. Warum also dieses Potenzial nicht nutzen? Beim nächsten Mal kann man vielleicht selbst wieder jemand anderem tatkräftig auf die Sprünge helfen.

Den Eltern gegenüber haben Kinder in der Regel keine Scheu, bei Problemen um Hilfe zu bitten.

Doch bei Gleichaltrigen fällt ihnen dies oft schwer. Zu groß ist die Angst, die anderen könnten sie für „dumm" oder „unfähig" halten. Doch wer selbst jederzeit andere unterstützen würde, vergibt sich absolut nichts, wenn er auch einmal um Hilfe bittet! Statt vorschnell etwas aufzugeben, ist das mit Sicherheit der bessere Weg. Schließlich kann nicht jeder alles können. Warum nicht gezielt Stärken und Schwächen untereinander im Teamwork ergänzen? So hat jeder etwas davon. Kinder, die das gelernt haben, kapitulieren nicht so schnell vor Problemen und Schwierigkeiten.

Probleme als Herausforderung betrachten

⬡ Auch wir Großen haben Probleme, bei denen wir Hilfe brauchen. Zeigen Sie das den Kindern, indem Sie sie bei Schwierigkeiten einbeziehen und um Rat bitten – sogar, wenn sie selbst Teil dieses Problems sind. Manchmal haben kleine Leute ganz erstaunlich fantasievolle Lösungsvorschläge! Außerdem gefällt es ihnen, wenn Erwachsene sie ernst nehmen. Viele Probleme lösen sich dadurch dann schon oft fast von selbst.

⬡ Erzählen Sie den Kindern von Forschern, die eine besondere Aufgabe lösen wollten und dabei mit vielen Problemen konfrontiert waren: zum Beispiel

von den ersten Flugzeugbauern oder Thomas Alva Edison, der die Glühbirne erfunden hat. Sie alle sind nur ans Ziel gekommen, weil sie beharrlich immer wieder Probleme angepackt und zu lösen versucht haben.

Fördern Sie die Kreativität der Kinder. Kreative Köpfe sind besonders neugierig, offen und flexibel, wenn es um Ideen für Problemlösungen geht. Geben Sie den Kids deshalb statt Spielzeug die unterschiedlichsten Naturmaterialien, Stoffe, Wolle, Holz, Schrauben, Blech, Draht, alte Radios und Uhren zum Auseinanderbauen, Computerschrott und ausrangierte Haushaltsgegenstände zum Experimentieren und Werkeln. Vielleicht können Sie sogar mal zusammen einen Ausflug zu einem Schrottplatz unternehmen, um Material zu sammeln. Machen Sie keinerlei Vorgaben. Am besten, die Kids können ihrer Fantasie freien Lauf lassen.

Manchmal gibt es Probleme und Dinge, die wir einfach nicht ändern können. Das Wetter zum Beispiel. Auch das müssen Kinder lernen. Ist ein Ausflug ins Schwimmbad geplant und es regnet in Strömen, muss er vertagt werden. Es nützt nichts, sich lange darüber zu ärgern und sich den Tag verderben zu lassen. Das ist verschwendete Energie. Schade darum. Regen Sie die Kids in einem solchen Fall an, sich lieber gemeinsam ein Alternativprogramm zu überlegen.

Denkketten

Seinen Assoziationen spontan nachzugehen, setzt oft ungeahnte Kreativitätsschübe zur Lösung von Problemen frei. Mal sehen, was den Kids so alles einfällt. Einer nennt einen Begriff, zum Beispiel „Roller", der Nächste einen zweiten, der ihm dazu in den Kopf kommt, vielleicht „treten", dann der Dritte und so weiter. Nach zwei Minuten klingelt die Uhr. Bei welchem Begriff die Kinder wohl gelandet sind? ...

Brainstorming: Kreativer Wirbelsturm

Bieten Sie den Kindern an, Probleme, egal welcher Art, in der Runde zu besprechen. Wer ein Problem hat, stellt es zunächst dar. Dann können die anderen Verständnisfragen stellen. Ist alles klar, darf jeder sagen, was ihm zur Lösung einfällt. Bei einem solchen „Brainstorming" ist alles erlaubt, jede noch so verrückte Idee. Es soll keine Schere im Kopf geben, und niemand darf sofort bewerten, was gesagt wird. Ein „Das geht nicht" gibt es nicht! Sammeln Sie alles, was die Kinder sagen. Erst im zweiten Schritt wird zusammen überprüft, welche Lösung praktikabel und eventuell erfolgreich sein könnte. Dann kann der Ratsuchende ausprobieren, ob ihm das hilft.

Wie setzen wir untereinander Grenzen?

Robin (6) ist ganz vernarrt in Nina (5). Ständig läuft er hinter ihr her, will mit ihr spielen, sie anfassen. Das mag Nina gar nicht. Schließlich versteckt sie sich in der Höhle. Als Robin sie findet, kriecht er ebenfalls hinein und versucht, ihr einen Kuss auf die Wange zu drücken. „Nein", schreit Nina laut. „Nein!" Sie schlägt wild um sich, und endlich zieht Robin ab ...

Nein-Sagen ist meist ganz schön schwierig. Schließlich setzt es nicht nur voraus, dass wir unsere eigenen Grenzen kennen, sondern dass wir sie auch noch gegen Übergriffe von außen verteidigen. Das gelingt nur, wenn wir wirklich genau wissen, was wir mögen und wollen und was nicht, und dies auch mit Nachdruck anderen gegenüber vertreten. Doch gerade hier hapert es leider oft. Allzu schnell geben wir durch falsche Rücksichtnahme und zu zaghafte Einsprüche fast widerstandslos wichtiges Terrain preis – und schon hat sich die Grenze zu unseren Ungunsten verschoben, und Frust und Ärger machen sich breit. Etwas, was auch uns Erwachsenen häufig noch passiert.

Besser ist es, frühzeitig den Schlagbaum herunterzulassen. Dann weiß jeder genau, woran er mit dem anderen ist, und ungewollte Grenzüberschreitungen lassen sich vermeiden. Kinder sollten deshalb lernen, klar und deutlich „Nein" zu

sagen, anderen unmissverständlich zu zeigen „Bis hierhin und nicht weiter" – vor allem, wenn es um körperliche Nähe, Berührungen und Zärtlichkeiten geht. Umgekehrt sollten sie aber auch die Grenzen anderer akzeptieren und wahren und nicht durch ständige Angriffe dennoch verletzen. Gegenseitige Toleranz muss groß geschrieben werden. So sollten kleine Leute, wenn sie bestimmte Spiele nicht mitmachen, sich an manchen gewagten Abenteuern nicht beteiligen möchten, auch nicht zögern, „Ohne mich" zu sagen. Die Stärke und das Selbstbewusstsein, das sie dazu brauchen, sollten wir ihnen unbedingt mit auf den Weg geben.

Schlechte Gefühle aufspüren

 Ermutigen Sie die Kinder, jederzeit zum Ausdruck zu bringen, was ihnen nicht gefällt. Unterscheiden Sie zwischen lästigem Alltagskram, zu dem die Kids nur keine Lust haben, und Dingen, die tatsächlich eine persönliche Grenze berühren, und sprechen Sie auch mit den Kindern darüber. Alles, was ihnen Angst macht, wirklich unangenehm für sie ist oder ein Unwohlsein, ein schlechtes „Nein"-Gefühl im Bauch hervorruft, darf klar und deutlich abgelehnt werden.

 Akzeptieren Sie, wenn Kinder keinen Körperkontakt mögen und sich nicht anfassen lassen möchten. Oder wenn kleine Leute etwas eigenwillige „Macken" haben. Bitten Sie die anderen Kinder, dies zu tolerieren. Erklären Sie ihnen, dass sie dann selbst auch Toleranz von Seiten ihrer Mitmenschen erwarten dürfen.

 Sprechen Sie mit den Kindern immer wieder darüber, dass sie auch „Nein" sagen dürfen, wenn jemand ihnen eigentlich etwas Gutes tun will, sie das aber trotzdem nicht wollen. Niemand muss sich unter Druck setzen lassen oder anderen einen Gefallen tun, wenn er sich schlecht dabei fühlt. Lesen Sie Geschichten dazu. Jeder hat das Recht auf seine ganz persönlichen Grenzen – selbst wenn andere diese nicht verstehen.

 Ziehen Sie selbst auch immer wieder Grenzen. Wenn es Ihnen zum Beispiel zu laut ist, sagen Sie das den Kids. Oder nehmen Sie sich eine kleine Auszeit, wenn Sie etwas ungestört erledigen wollen.

„Nein"-Spiegelbild

Ein lautes und deutliches „Nein" kommt selbst Erwachsenen manchmal nur schwer über die Lippen. Lassen Sie die Kinder dieses kleine Wörtchen üben – zuerst einmal vor dem Spiegel. Am besten betrachten sie ihr eigenes Gesicht, verändern den Ausdruck darin und sagen immer wieder „Nein". Lässt es sich durch bestimmte Mimik – zum Beispiel das Zusammenziehen der Augenbrauen – verstärken? Wann wirkt das „Nein" am überzeugendsten?

„Nein"-Sager

Haben die Kids schon etwas mit dem „Nein" experimentiert, tun sie sich zu zweit zusammen. Einer spielt den „Nein"-Sager, der andere den „Ja"-Sager. Jeder darf nur dieses eine Wörtchen benutzen – dies aber so fantasievoll und mit so vielen Nuancen wie möglich. Laut, leise, zaghaft, mit Nachdruck, umwerbend, ängstlich, mit Gesten unterstrichen – mal sehen, wer in diesem „Gespräch" den Ton angibt. Nach zwei Minuten werden die Rollen getauscht.

Abstand halten

Wie dicht lasse ich andere an mich heran? Lassen Sie die Kinder am besten draußen mit Straßenkreide einen Kreis um sich selbst ziehen, den kein anderer betreten darf. Sind alle Kreise gleich im Durchmesser? Dürfen einige Menschen, vielleicht die beste Freundin oder der Bruder, dichter herankommen als fremde? Wie groß ist der Unterschied? Messen Sie es gemeinsam aus.

Wie streiten wir fair miteinander?

„Das will ich jetzt angucken!", protestiert Hauke (5) und versucht Kevin (5) das Tierbuch zu entreißen. – „Das lag aber hier, und du warst gar nicht da. Jetzt habe ich es", zetert Kevin zurück. „Weil ich eben noch einen Stift und Papier geholt habe", entgegnet Hauke. „Ich hatte es mir extra schon rausgelegt. Ich brauche es nämlich dringend ..." – „Ich auch!" Beide zerren an dem Buch und werden immer wütender. „Ich brauche es auch", mischt sich Lisa (6) ein. „Ich will den Igel abmalen." Hauke und Kevin sehen sie an. Dann sagen beide wie aus einem Mund: „Ich auch!" – Lisa verdreht die Augen: „Dann schlagt doch einfach mal die Seite auf, statt euch zu streiten." ...

Viele Streitereien sind absolut überflüssig. Würden die Streithähne sich weniger aufplustern und stattdessen mehr miteinander reden, ließen sich die meisten Probleme schnell aus der Welt schaffen –

ohne großen Zoff. Doch es gibt natürlich auch Meinungsverschiedenheiten und Interessenskonflikte, die nicht so leicht zu überwinden sind, über die einfach gestritten werden muss. Und das ist auch in Ordnung so. Sie unter den Teppich zu kehren und sich vor einer notwendigen Auseinandersetzung zu drücken, ist mit Sicherheit keine Lösung. Dann schwelt der Konflikt nur weiter und lodert bei der nächsten Gelegenheit erneut auf – meist kräftiger als vorher. Da ist es besser, sich dem Konflikt zu stellen. Denn ein Streit ist an sich nichts Schlechtes – vorausgesetzt, er wird fair ausgetragen, und keiner der Kontrahenten wird dabei von einem anderen gnadenlos über den Tisch gezogen oder fertig gemacht. Ein Konflikt ist keine Katastrophe, sondern eher eine Chance. Eine gute Gelegenheit, etwas zu überdenken, es anders zu machen, neue Wege auszuprobieren, etwas zu verändern – und zwar so, dass alle Beteiligten etwas davon haben und zufrieden damit sind.

Konflikte als Chancen betrachten

Um das zu erreichen, müssen Kinder lernen, fair zu streiten. Dazu brauchen sie jedoch eine Streitkultur, und die müssen wir ihnen vermitteln.

Ganz wichtig für eine solche Streitkultur: Alle müssen grundsätzlich bereit sein, sich bei Aus-

einandersetzungen mit ihren Kontrahenten einigen zu wollen. Aggressionen, gegenseitige Schuldzuweisungen, Machtstreben, aber auch ein falsch verstandenes Harmoniebestreben haben da keinen Platz. Darüber müssen sich alle einig sein.

 Stellen Sie zusammen mit den Kindern Streitregeln auf, an die alle sich halten müssen (siehe zum Beispiel Kasten). Wer dies nicht tut, bekommt eine Auszeit zum Nachdenken. Vielleicht kann die Auseinandersetzung danach mit mehr Fairness fortgesetzt und hoffentlich beendet werden.

 Fordern Sie die Kinder auf, Ärger nicht herunterzuschlucken, um so einer Auseinandersetzung aus dem Weg zu gehen. Fällt es ihnen schwer, einen Konflikt selbst anzupacken, bieten Sie Ihre Unterstützung an. Schlüpfen Sie dabei aber nur in die Vermittlerrolle – ihren Streit austragen müssen die Kids schon selbst. Halten Sie sich mit vorschnellen Einigungsvorschlägen zurück.

 Erklären Sie den Kindern, dass sich manche Konflikte auch gar nicht lösen lassen. Haben zwei Menschen zum Beispiel ganz gegensätzliche Meinungen zu einem Thema, gibt es oft keine Annäherung der Standpunkte. Das ist dann einfach so. Wichtig ist, die Meinung des anderen zu tolerieren. Trotzdem können diese Menschen sich ansonsten gut verstehen.

Regeln fürs Streiten

1. Wir setzen uns allein mit Worten und nicht mit Fäusten auseinander. Wir treten, kratzen, beißen und schubsen auch nicht im Streit.

2. Wir bleiben sachlich und gehen respektvoll und höflich miteinander um. Wir beschimpfen uns nicht und tragen keine vom Inhalt abgelösten Machtkämpfe aus.

3. Wir geben uns nicht gegenseitig die Schuld an diesem Streit und vermeiden aggressives Verhalten.

4. Wir erkennen an, dass wir als Kontrahenten unterschiedliche Standpunkte und Interessen vertreten, die jedoch alle gleichberechtigt nebeneinander stehen. Wir tolerieren uns gegenseitig.

5. Wir bemühen uns, eine einvernehmliche Lösung für unseren Konflikt zu finden und unseren Streit dann beizulegen.

6. Wir besiegeln das Ende des Streits mit einem Handschlag.

In den Schuhen des „Gegners"

Fair streiten heißt auch, Verständnis für seinen Kontrahenten aufzubringen. Lassen Sie die Kinder bei einem Konflikt doch jeweils mal in die Schuhe ihres „Gegners" treten, am besten im wahrsten Sinne des Wortes. Also Schuhe tauschen, wenn möglich, oder zumindest draufstellen oder über die Hände ziehen und nun die ganze Angelegenheit aus der Perspektive des anderen darstellen: „Ich will ..." Vielleicht sieht danach alles schon ganz anders aus ...

Wie lösen wir Konflikte konstruktiv?

„Puh, das Memory ist so langweilig", stöhnt Lara (5). „Ich will jetzt Mensch-ärgere-dich-nicht spielen." – „Och, das ist doch auch langweilig", mault Wiebke (4). „Ich will lieber noch mal Memory spielen!" – „Nein, da spiele ich nicht mehr mit!" Lara springt auf, wischt die Memorykarten vom Tisch und verschwindet. Wiebke bleibt schmollend allein zurück ...

Doch Maulen und Schmollen bringen gar nichts. Damit lässt sich kein Konflikt aus der Welt schaffen. Und eine konstruktive Lösung für ein Problem findet man so mit Sicherheit auch nicht. Die ist jedoch nötig, wenn wir eine Situation tatsächlich zur Zufriedenheit aller Beteiligten ändern und verbessern wollen. Um eine solche echte Lösung zu finden, in der es keinen Verlierer und keinen Gewinner gibt, sondern von der beide Streitparteien gleichermaßen profitieren, müssen wir uns jedoch um einen wirklichen Ausgleich der unterschiedlichen Interessen bemühen. Das ist manchmal zwar gar nicht so einfach – aber mit einer entsprechenden Strategie stehen die Chancen gar nicht schlecht.

Sich um Interessenausgleich bemühen

Machen Sie mit den Kindern deshalb gezielt Konflikt-Bewältigungs-Training, ganz einfach nebenbei bei jeder sich bietenden Streitigkeit im Alltag. Hauptsache sie entdecken dabei: Egal, worum es geht – wenn ich in einer bestimmten Weise vorgehe, findet sich fast immer eine Lösung. Und wer erst ein paar Mal die Erfahrung gemacht hat, dass Streiten sich auch für alle Beteiligten lohnen kann, geht künftig ganz anders an Konflikte heran. Üben Sie deshalb mit den Kindern die folgenden fünf Schritte:

1. Wer will was?

Als Erstes gilt es herauszufinden, was die Kontrahenten überhaupt wollen. Welche Ziele verfolgt jeder? Welche Interessen habe ich? Welche der/die andere/n? Alle, die an einem Konflikt beteiligt sind, sagen deshalb zunächst klipp und klar, wie sie die Sache sehen und worum es ihnen genau dabei geht. Wichtig: Jeder darf ausreden und niemand bewertet etwas.

2. Was kann helfen?

Im nächsten Schritt überlegen alle, wie sich der Konflikt lösen ließe. Welche Möglichkeiten gibt es? Was fällt jedem als Lösung ein? Wichtig: Alles wird gesammelt, auch wenn es vielleicht verrückt klingt oder zunächst unrealistisch scheint.

3. Was nützt wem?

Nun wird sortiert: Was ist überhaupt machbar? Was wäre am einfachsten? Vor allem aber: Was ist am fairsten? Ziel ist es, allen Beteiligten gleichermaßen gerecht zu werden. Die Lösungsmöglichkeit, die tatsächlich die unterschiedlichen Interessen ausgleicht, ist der Königsweg.

4. Wie profitieren alle?

Bringt eine Lösung nicht sofort für alle einen Fortschritt, geht es in die nächste Runde. Verhandeln ist angesagt – so lange, bis ein Kompromiss gefunden ist, der möglichst alle unterschiedlichen Interessenslagen berücksichtigt. Wichtig: Keiner soll verlieren; alle sollen irgendetwas für sich gewinnen!

5. Was funktioniert?

Ist endlich eine Lösung gefunden, muss die Praxis zeigen, ob sie tatsächlich brauchbar ist. Funktioniert sie nicht, muss nachgebessert werden, um nicht sofort den nächsten Konflikt zu riskieren.

Streitschlichter

Wenn zwei sich streiten, kann oft ein Dritter gut vermitteln. Lassen Sie es die Kinder ausprobieren, am besten mit Handpuppen. Kasper und Liesel zanken sich zum Beispiel, wer das größere Stück Kuchen bekommt. Großmutter kommt dazu und versucht zu schlichten. Ob sie es schafft?

Zoff-Hitliste

Worüber gab es im letzten Monat den meisten Zoff? Welches waren die häufigsten Streitthemen? Worüber brechen immer wieder Konflikte auf? Erstellen Sie zusammen mit den Kindern eine Zoff-Hitliste. Dann schauen Sie sich gemeinsam genau an, worum es bei den häufigsten Streitigkeiten geht. Wie lässt sich dieser Konflikt lösen? Suchen Sie so viele Lösungsvorschläge wie möglich. Dann stimmen die Kinder ab, was sie als Erstes ausprobieren möchten. Ob es klappt? Wenn nicht, werden weitere Lösungen getestet.

Tipps für Eltern

Streit gibt es in den besten Familien. Doch dadurch, wie Sie damit umgehen, lernt Ihr Kind wichtige Strategien zur Bewältigung von Konflikten. Bewahren Sie deshalb möglichst Ruhe und bemühen Sie sich, auch Auseinandersetzungen mit Ihrem Sprössling sachlich und konstruktiv zu lösen. Ganz wichtig: Auf keinen Fall hinterher Strafen verhängen, Ihr Kind lächerlich machen oder es ignorieren. Das wäre ein absolut falsches Signal. Besser, Sie stellen eindeutige Regeln auf und setzen klare Grenzen. So lassen sich viele Streitigkeiten schon im Vorwege vermeiden.

Wie bauen wir Aggressionen ab?

Lukas (4) ist stocksauer. Schon morgens hatte er sich mit Michel (4) zum Spielen verabredet. Und jetzt sagt der ihm, dass er heute lieber mit Tobias (5) zum Fußballtraining gehen will. „Blödmann! Dann spiele ich gar nicht mehr mit dir!", schimpft Lukas und rempelt Michel dabei ziemlich unsanft an. Nun wird auch der sauer und tritt Lukas ans Schienbein …

Im Streit kochen leicht mal die Emotionen über. Vor allem, wenn sich jemand verletzt und zurückgesetzt fühlt, fehlt oft nur der berühmte Tropfen – und schon läuft das Fass über. Da rutscht einem schnell mal was heraus, was einem hinterher Leid tut. Und bei vielen Kindern geht es dann leider auch gleich körperlich zur Sache. Schade. Denn wer bei Auseinandersetzungen seine Aggressionen am anderen auslässt, zerstört mehr, als ihm in diesem Augenblick wahrscheinlich bewusst ist. Da bedarf es dann hinterher meist einer ordentlichen Portion Beziehungskitt, um diese Schäden zu reparieren – wenn die Freundschaft nicht dadurch komplett in die Brüche gegangen ist.

Verständlich, dass einen die meisten Streitigkeiten nicht einfach kalt lassen. Da brodelt es oft ganz schön heftig in uns. Doch durch verbale oder gar körperliche Angriffe auf unseren Gegner Dampf abzulassen, ist der komplette falsche Weg. Besser ist, wir bauen unsere Aggressionen auf andere Art und Weise ab – allein oder gemeinsam, aber auf jeden Fall fair, ohne andere, weder physisch noch psychisch, zu verletzen. Wie man sich gerade in Konfliktsituationen gewaltfrei Luft macht, können Kinder gar nicht früh genug von uns lernen.

Gewaltfrei miteinander kämpfen

Fordern Sie deshalb, wenn sich ein Konflikt zuspitzt, alle Beteiligten auf, sich jeweils in eine Ecke zurückzuziehen, damit die Gemüter sich etwas abkühlen können. Wer mag, kann ein Kissen boxen oder laut singen – Hauptsache, einige Aggressionen werden rausgelassen. Stellen Sie eine Eieruhr zum Beispiel auf zwei Minuten. Nach dieser „Cool-down-Phase" geht es in die nächste Streitrunde. Vielleicht ist es jetzt besser möglich, sich sachlich und fair auseinander zu setzen.

Gerade Jungen brauchen in oder nach Konflikten oft dringend eine körperliche Auseinandersetzung, um sich selbst besser zu spüren und ihre Aggressionen abzubauen. Gestatten Sie ihnen zu raufen, zu ringen und zu kämpfen, aber nur nach festgelegten Regeln und völlig gewaltfrei. So bekommt das Ganze eher eine sportliche Note! Hier einige Anregungen für faire Kämpfe.

Sanfte Schläger

Wenn zwei noch eine Rechnung miteinander offen haben, sind sie die „Superwaffe" für einen gewaltfreien Kampf: Die Rede ist von „Batacas", Schlägern aus Schaumstoff (Bezugsquelle siehe S. 59). Auch wenn sich niemand damit verletzen kann, gibt es trotzdem genaue Regeln für ihren Einsatz:

- Wer kämpfen möchte, fordert seinen Gegner heraus.
- Dieser darf ablehnen, wenn er nicht kämpfen möchte.
- Es darf nur auf den Körper des Gegners geschlagen werden; Gesicht und Kopf sind tabu.
- Der Kampf ist von vornherein zeitlich begrenzt.
- Er wird sofort abgebrochen, wenn einer „Stopp!" sagt.
- Zum Schluss bedanken sich beide beieinander für den fairen Kampf.

Gut gebrüllt

Sich Luft machen, ohne dem anderen weh zu tun – als Löwe oder Tiger gelingt das bestimmt. Jeder Streithahn schlüpft in eine Raubtierrolle. Dann heißt es: Gut gebrüllt, Löwe! Jeder darf den anderen so laut und so lange anbrüllen, anknurren, anfauchen, wie er möchte. Zähne fletschen, Augen rollen, „Krallen" zeigen, „Prankenhiebe" – alles ist erlaubt, vorausgesetzt, der Gegner wird nicht berührt. Mal sehen, wie lange die beiden brüllend umeinander herschleichen ...

Entschuldigung!

Wer im Eifer des Gefechts doch einmal verbal entgleist oder sogar handgreiflich geworden ist, dem bleibt nur eines: sich zu entschuldigen. Und zwar so schnell wie möglich. Mit automatisch abgespulten Entschuldigungsfloskeln ist es dann jedoch nicht getan. Die Kinder sollten schon zeigen, dass es ihnen ernst ist. Also:

1) den anderen richtig ansehen,
2) ihm sagen, dass es einem wirklich Leid tut, und um Verzeihung bitten,
3) Verständnis dafür zeigen, dass der andere verletzt ist,
4) vielleicht, wenn möglich, eine kleine Wiedergutmachung anbieten,
5) die Hand zur Versöhnung ausstrecken.
   Nimmt der andere die Entschuldigung an – wunderbar. Tut er es jedoch nicht, weil er tief gekränkt ist und noch nicht verzeihen kann, bleibt nur ein neuer Versuch zu einem späteren Zeitpunkt.

Wie haben wir unseren Spaß miteinander?

Die ganze Gruppe johlt und gackert. Schon das kleinste Quietschen eines Luftballons reicht, damit alle wieder losprusten. Und immer wieder macht jemand neue komische Geräusche. Plötzchen fängt Andra (4) an zu hicksen. Sie hickst und hickst, und der Schluckauf will einfach nicht aufhören. Alle schütteln sich vor Lachen. Das ist Andra jetzt ganz schön peinlich ...

Spaß miteinander haben – das fällt Kindern meist nicht schwer. Sie kichern über unanständige Wörter und jedes witzige Geräusch. Sie kringeln sich vor Lachen, wenn jemand ein Wort verdreht, verwechselt oder sich ein neues Buchstabenungetüm ausdenkt. Sie glucksen, wenn Geschichten vorgelesen werden – einfach nur so, weil einer angefangen hat. Spätestens ab dem sechsten Lebensjahr finden sie jeden noch so zähen Witz urkomisch und versuchen, ihn selbst zum Besten zu geben. Und das geht oft so dermaßen daneben, dass auch das schon wieder ein Grund zum Lachen ist.

Aber sie lachen auch aus vollem Herzen, wenn jemand von der Toilette kommt und vergessen hat, seine Hose zuzumachen, beim Frühstück den Kakaobecher umwirft oder – wie Andra – einen hartnäckigen Schluckauf bekommt. Das finden diejenigen, denen das passiert, dann gar nicht mehr so lustig. Ihnen ist das eher peinlich und sie schämen sich. Und dann drängt sich irgendwann die Frage auf: Lachen die eigentlich über das, was mir passiert ist, oder über mich?

Doch wer Angst hat, ausgelacht und zum Gespött der anderen zu werden, fühlt sich schnell ausgegrenzt. So weit sollte es nicht kommen.

Missgeschicke mit Humor tragen

Sprechen Sie mit den Kindern darüber, dass es Menschen bei vielen Gelegenheiten oft sehr schwer fällt, ihre Schadenfreude zu unterdrücken. Fragen Sie sie, ob es ihnen auch manchmal so geht. Schauen Sie sich gemeinsam zum Beispiel einen alten Stummfilm an. Mal sehen, an welchen Stellen die Kids am lautesten lachen. Garantiert, wenn eine Torte in einem Gesicht landet oder jemand zum dritten Mal über eine Teppichecke stolpert ...

Schluss mit lustig!

Machen Sie den kleinen Leuten auch klar, dass es Grenzen gibt und es manchmal geschmacklos und verletzend ist, über etwas oder jemanden zu lachen. Am besten vermitteln Sie ihnen neben einer Streit- auch eine Spaßkultur. Stellen Sie dazu gemeinsam Regeln auf. Zum Beispiel:

Spaßregeln

1. Wir lachen nie über Schwächen, Handicaps oder Misserfolge einzelner Kinder, wenn sie dies nicht selbst tun.
2. Wir tuscheln und lachen nie über ein Kind in seiner Abwesenheit oder hinter seinem Rücken.
3. Wir geben niemanden gezielt und bewusst der Lächerlichkeit preis. Wir bringen kein Kind mit Absicht in eine lächerliche Situation.
4. Wir gehen immer offen und ehrlich miteinander um. So muss niemand Angst haben, dass über ihn gelacht und gespottet wird.

Mitlachen

Erklären Sie den Kindern, dass die beste „Waffe" gegen das Gelächter anderer Mitlachen ist. Wer über sich selber und die eigenen Missgeschicke lachen kann, beweist Stärke und Größe. Und irgendwann lacht niemand mehr über sie. Doch um das zu erreichen, brauchen Kinder Selbstbewusstsein, Vertrauen in die eigenen Fähigkeiten und eine positive Lebenseinstellung. Wenn wir es schaffen, ihnen dies zu vermitteln, müssen wir uns auch um ihren Humor keine Gedanken mehr machen.

Sorgen Sie aber vor allem für eine freundliche, fröhliche, tolerante und humorvolle Atmosphäre der Kinder untereinander. Dann haben alle sicher viel Spaß miteinander und Sie alle gemeinsam bestimmt viel zu lachen. Viel Erfolg dabei!

Witzemarathon

Etwas für trübe Wintertage. Das hebt die Stimmung garantiert im Nu: Lassen Sie die Kids Witze erzählen und stoppen Sie die Zeit dabei. Wie lange schaffen sie es wohl, einen Witz an den anderen zu reihen. Und wer hat die meisten davon auf Lager? Der wird natürlich Witzkönig.

Clownerien

Humor hat, wer trotzdem lacht, wenn ihm etwas misslingt. Da sind Clowns meist ein gutes Vorbild. Lassen Sie die Kids sich als Clowns verkleiden und bemalen. Und dann heißt es: Bühne frei! Jeder darf sich als Clown präsentieren und nach Herzenslust komische Missgeschicke produzieren. Dafür gibt's zum Schluss als Anerkennung einen Riesenapplaus.

Lachen verboten!

Spielen Sie mit den Kindern, es gäbe einen ganz feierlichen Anlass. Da darf wirklich nicht gelacht werden. Also Mühe geben und das Lachen verkneifen! Die Kinder tun sich zu zweit zusammen und setzen sich einander gegenüber. Dann gucken sie sich einfach nur gegenseitig an, ohne ein Wort zu sagen. Welches Paar es wohl am längsten schafft, nicht loszuprusten? Das ist wirklich einen „Orden für den tierischen Ernst" wert.

Ein Wort zum Schluss:
Soziale Kompetenz braucht Werte

Nun haben Sie viele Facetten von sozialer Kompetenz kennengelernt. Doch damit die Formel *Ich + du = wir* im täglichen Miteinander tatsächlich funktionieren kann, brauchen Kinder neben dieser breiten Palette an Fähigkeiten und Stärken im zwischenmenschlichen Bereich noch etwas anderes: nämlich eine Richtschnur, an der sie sich orientieren können. Unsere Kinder brauchen Werte, an denen sie ihr Verhalten anderen gegenüber ausrichten können.

Das klingt vielleicht ein wenig altmodisch. Schließlich sind in unserer Gesellschaft Normen und Leitbilder gehörig ins Wanken geraten. Werte-Pluralismus statt eines einheitlichen Wertekanons ist heute an der Tagesordnung. Doch wenn Menschen wirklich gut und zur Zufriedenheit aller miteinander auskommen wollen, brauchen sie zumindest einen Minimalkonsens an gemeinsamen Werten. Nur mithilfe von Werten können unsere Kinder lernen und entscheiden, was im Umgang mit anderen richtig und was falsch, was sozial und was unsozial, was gut fürs „Wir-Gefühl" ist und was nicht.
Scheuen Sie sich also nicht, Position zu beziehen, unmissverständliche Regeln und Normen aufzustellen und den Kindern eindeutig klar zu machen, was Ihnen im Umgang untereinander „wertvoll" ist und worüber Sie auf keinen Fall mit sich diskutieren lassen. Das gibt allen die nötige Klarheit. Und hilft enorm beim Erlernen von sozialer Kompetenz. Viel Erfolg dabei!

Mit diesen Werten werden Kinder fit fürs Leben

- Optimismus:
  Nur wer auch in Krisen eine Chance sieht, kann Konflikte konstruktiv lösen.
- Risikobereitschaft:
  Nur wer sich traut, neue Wege zu gehen, kommt mit Unvorhergesehenem besser zurecht.
- Verantwortungsgefühl:
  Nur wer sich nicht stets auf andere verlässt und seinen Teil zum Miteinander beisteuert, leistet einen wertvollen Beitrag.
- Solidarität:
  Nur wer anderen hilfsbereit begegnet, dem wird auch geholfen.
- Toleranz:
  Nur wer die Interessen, Bedürfnisse und Meinungen anderer akzeptiert und berücksichtigt, kommt mit anderen klar.
- Friedfertigkeit:
  Nur wer bereit ist, Konflikte friedlich auszutragen, bringt alle voran.
- Bescheidenheit:
  Nur wer sich selbst beschränkt und zurücknimmt, kann Kompromisse zum Wohle aller eingehen.

Bücher zum Weiterlesen und nützliche Adressen

Mehr Informationen und praktische Tipps zu diesem Thema finden Sie in

Monika Murphy-Witt, Petra Stamer-Brandt, Was Kinder für die Zukunft brauchen. Die 8 Schlüsselqualifikationen – und wie Sie Ihr Kind darin fit machen, Gräfe und Unzer Verlag, München 2004

sowie auf der dazu gehörenden Internetseite:
www.fitfuerdiezukunft.de

Ebenfalls zum Weiterlesen:

Heike Baum, Da bin ich fast geplatzt! Vom Umgang mit Wut und Aggression, Kösel, München 2002

Dagmar von Cramm, Kinder-Knigge. Höflichkeit, Rücksichtnahme, Tischmanieren. So lernen Kinder gute Umgangsformen, Econ Ullstein List, München 2001

Daniel Goleman, Emotionale Intelligenz, Carl Hanser Verlag, München/Wien 1996

Martin Herbert, Soziale Kompetenz. Den Umgang mit anderen üben, Verlag Hans Huber, Bern 1999

Thomas Kaiser, Das Wut-weg-Buch, Christophorus im Verlag Herder, Freiburg 1999

Sylvia Schneider, Das Stark-mach-Buch, Christophorus im Verlag Herder, Freiburg 2002

Petra Stamer-Brandt, Wut-weg-Spiele, Christophorus im Verlag Herder, Freiburg 2003

Petra Stamer-Brandt, Kreativitäts-Spiele, Christophorus im Verlag Herder, Freiburg 2004

Petra Stamer-Brandt, Stark-mach-Spiele, Christophorus im Verlag Herder, Freiburg 2004

Petra Stamer-Brandt, Monika Murphy-Witt, Das Erziehungs-ABC. Von Angst bis Zorn. Die besten Lösungen für die 50 häufigsten Alltagsprobleme, Gräfe und Unzer Verlag, München 2004

Katharina Zimmer, Widerstandsfähig und selbstbewusst. Kinder stark machen fürs Leben, Kösel, München 2002

Informationen im Internet:

www.mobile-familienmagazin.de (Portal für Familienthemen)

www.familienhandbuch.de (Hilfestellung in allen Erziehungsfragen)

Bezugsquelle „Batacas":
W. Purschke, Aberlestr. 23, 81371 München, Tel. 089/773435, www.bataca.de. E-Mail: info@bataca.de

Bezugsquelle „Gefühlewürfel" („Mimürfel"):
Donna Vita/Verlag mebes & noack, Sudermanstr. 5, 50670 Köln, Tel. 0221/1396209, www.donnavita.de

Die Autorin

Monika Murphy-Witt studierte Pädagogik, Soziologie und Politik und arbeite-
te lange als Zeitschriften-Redakteurin. Seit der Geburt ihrer beiden Kinder ist
sie freiberuflich als Journalistin und Buchautorin tätig. Ihre Schwerpunktthe-
men sind Erziehung, Psychologie und Gesundheit. Bei Christophorus erschien
von ihr der Longseller „Spielerisch im Gleichgewicht. Wie unruhige Kinder ein
gutes Körpergefühl finden".
Mehr Infos unter: www.murphy-witt.de

© Christophorus im Verlag Herder
Freiburg im Breisgau 2005
www.christophorus-verlag.de

2. Auflage 2006

Alle Rechte vorbehalten – Printed in Germany

ISBN-13: 978-3-419-53214-0
ISBN-10: 3-419-53214-8

Lektorat: Ute Löwenberg

Illustrationen: Katja Kersting

Coverfotos: Heidi Velten, Ulrich Niehoff, Karin Wintterle

Fotos:
Ursula Markus: Seiten 20, 45, 50
Ulrich Niehoff: Seiten 33, 37, 46
Miguel Perez: Seiten 16, 28, 40, 57
Heidi Velten: Seite 8
Jutta Weser: Seite 24
Karin Wintterle: Seite 13

Umschlaggestaltung: Network!, München
Layout & Satz: HellaDesign, Teningen
Druck: Himmer, Augsburg 2006

CHRISTOPHORUS
Bücher mit Ideen

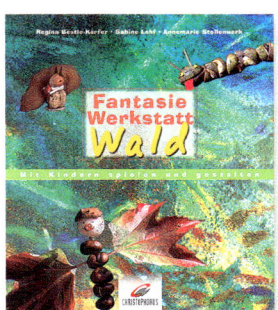